MÉDITATIONS POÉTIQUES

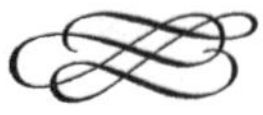

LAMARTINE

ALICIA ÉDITIONS

TABLE DES MATIÈRES

PRÉFACE GÉNÉRALE DES ŒUVRES COMPLÈTES DE M. DE LAMARTINE

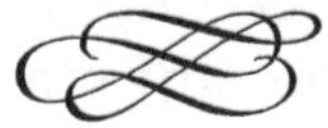

Voilà mes œuvres ! Je ne les publie pas par vanité ; je ne dis pas comme Horace : *Exegi monumentum.* Je suis si loin de me glorifier devant ce monceau de feuilles mortes ou éphémères tombées du rameau de l'arbre de ma vie, dont je sens déjà les racines mourir, que je dis en toute sincérité : Je voudrais n'avoir jamais su écrire.

Virgile lui-même, transplanté de son humble métairie des bords du lac de Garde dans les pompes et dans les tumultes de Rome, ne regrettait-il pas d'avoir jeté loin de lui l'aiguillon de ses bœufs ou la serpette de l'émondeur de ses vignes ? — *Ô ! utinàm,* etc., etc.

Si j'avais à recommencer la vie, sachant ce que je sais, je n'y chercherais pas le bonheur, parce que je sais qu'il n'y est pas, mais j'y chercherais soigneusement l'obscurité et le silence, ces deux divinités domestiques qui gardent le seuil des moins malheureux.

Si donc je livre encore mon nom presque posthume aux retentissements et aux controverses littéraires de mon temps, si je désire que la critique ou l'indulgence fassent encore un peu de bruit utile autour de ces volumes, ce n'est pas que j'aie le goût de la publicité, c'est que j'y suis condamné comme à mon supplice. Je paye la vaine gloire de ma jeunesse par l'humiliation de mes jours avancés.

Pourquoi ai-je réveillé l'écho qui dormait si bien dans les bois paternels ? Il me poursuit maintenant que je voudrais dormir à mon tour. C'est sa vengeance et c'est mon expiation.

Je le dis sans aucune fausse modestie, je ne crois pas léguer un héritage de chefs-d'œuvre à la plus courte postérité. J'ai trop écrit, trop parlé, trop agi, pour avoir pu concentrer dans une seule œuvre capitale et durable le peu de talent dont la nature m'avait plus ou moins doué. Comme le grand oiseau du désert (qui n'est pas l'aigle), j'ai semé dans le sable çà et là les germes de ma postérité, et je n'ai pas assez couvé pour les voir éclore les œufs dispersés du génie.

J'ai eu de l'âme, c'est vrai ; voilà tout. J'ai jeté quelques cris justes du cœur. Mais si l'âme suffit pour sentir, elle ne suffit pas pour exprimer. Le temps m'a manqué pour une œuvre parfaite, parce que j'ai dilapidé le temps, ce capital du génie.

Prodigue du temps, il est juste que l'avenir me manque. Je m'en afflige, mais ne m'en plains pas.

Le seul mérite de cet immense recueil de mes œuvres, ce sera d'être une faible partie de l'histoire intellectuelle, poétique, littéraire, philosophique, politique, des années qui se sont écoulées de 1820 à 1860, presque un demi-siècle. Ces volumes ne sont pas un monument, ce sont des traces, des pierres milliaires marquées de mon nom et laissées sur la route du temps pour mesurer les pas de la pensée. Ce demi-siècle a passé par les mêmes traces que moi ; j'ai noté les miennes en vers, en prose, en harangues, en actions plus ou moins mémorables ; les autres n'ont pas noté leur passage dans la vie. Voilà toute la différence.

Puisse le public ne pas se tromper au mobile qui me fait revenir sur ces traces de mes sentiments ou de mes idées ; c'est un sacrifice du devoir, très-pénible, mais très-obligatoire.

Ne pouvant pas vendre de la terre, je vends de l'amour-propre : car je ne prétends pas me glorifier de ces œuvres.

Certes j'aimerais mille fois mieux prendre toutes ces pages sans les relire et sans provoquer personne à les relire ; j'aimerais mieux en faire un bûcher de papier noirci, et en livrer au vent du soir la vaine fumée !

Mais la conscience est là qui me dit : « Arrête ! Tu dois du pain à des centaines de bouches ; tes œuvres ont un prix matériel avec lequel s'achète l'aliment de ces familles envers qui tu es redevable de leur existence. Prie les hommes d'acheter de toi ces vanités de plume ; ces vanités deviendront saintes en devenant du pain quotidien. » Encore une fois, aucun autre motif que celui-là ne me contraint à cette publication.

Il y a longtemps que la dernière racine de toute vanité littéraire ou politique est séchée en moi, comme si elle n'y avait jamais germé. Je ne me crois ni classique en poésie, ni infaillible en histoire, ni toujours irréprochable en politique. Quand je repasse mes œuvres ou ma vie, je me juge moi-même avec plus de justice, mais avec autant de sévérité que peuvent le faire mes ennemis. Pourquoi ? Parce que je me juge non devant les hommes, mais devant Dieu, dont la lumière éclatante fait ressortir toutes les taches. À quoi servirait donc la conscience, si ce n'était à se frapper la poitrine avant l'heure où le dernier soupir doit, à défaut d'innocence, emporter du moins toutes les honnêtetés de l'âme au Juge miséricordieux de nos faiblesses. Cette confession publique que les premiers chrétiens faisaient aux portes du temple doit se faite par l'honnête homme, à haute voix, devant les portes de la postérité. Ce sera une des étrangetés spéciales de cette édition finale et unique que ces jugements que j'y porterai, en notes, sans pitié pour moi-même, à chaque page de mes œuvres et de mes actes.

Je trouve à cette sévérité même un plaisir amer : le plaisir que fait à l'âme la justice exercée même contre soi.

Il faut être impitoyable envers ses passions, ses faiblesses ou ses fautes, pour mériter d'être pardonné ici-bas et absous là-haut.

La mort est l'amnistie de la vie.

LAMARTINE.
16 avril 1860.

PREMIÈRE PRÉFACE DES MÉDITATIONS

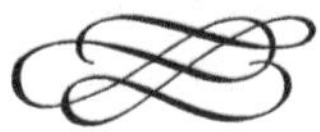

L'homme se plaît à remonter à sa source ; le fleuve n'y remonte pas. C'est que l'homme est une intelligence et que le fleuve est un élément. Le passé, le présent, l'avenir, ne sont qu'un pour Dieu. L'homme est dieu par la pensée. Il voit, il sent, il vit à tous les points de son existence à la fois. Il se contemple lui-même, il se comprend, il se possède, il se ressuscite et il se juge dans les années qu'il a déjà vécu. En un mot, il revit tant qu'il lui plaît de revivre par ses souvenirs. C'est sa souffrance quelquefois, mais c'est sa grandeur. Revivons donc un moment, et voyons comment je naquis avec une parcelle de ce qu'on appelle poésie dans ma nature, et comment cette parcelle de feu divin s'alluma en moi à mon insu, jeta quelques fugitives lueurs sur ma jeunesse, et s'évapora plus tard dans les grands vents de mon équinoxe et dans la fumée de ma vie.

J'étais né impressionnable et sensible. Ces deux qualités sont les deux premiers éléments de toute poésie. Les choses extérieures à peine aperçues laissaient une vive et profonde empreinte en moi ; et quand elles avaient disparu de mes yeux, elles se répercutaient et se conservaient présentes dans ce qu'on nomme l'*imagination*, c'est-à-dire la mémoire, qui revoit et qui repeint en nous. Mais, de plus, ces images ainsi revues et repeintes se transformaient promptement en sentiment. Mon âme animait ces images, mon cœur se mêlait à ces impressions. J'aimais et j'incorporais en moi ce qui m'avait ému ; j'étais une glace vivante qu'aucune poussière de ce monde n'avait encore ternie, et qui réverbérait l'œuvre de Dieu ! De là à chanter ce cantique intérieur qui s'élève en nous, il n'y avait pas loin. Il ne manquait que la voix. Cette voix que je cherchais et qui balbutiait sur mes lèvres d'enfant, c'était la poésie. Voici les plus lointaines traces que je retrouve au fond de mes souvenirs presque effacés des premières révélations du sentiment poétique qui allait me saisir à mon insu et me faire à mon tour chanter des vers au bord de mon nid, comme l'oiseau.

J'avais dix ans ; nous vivions à la campagne. Les soirées d'hiver étaient longues. La lecture en abrégeait les heures. Pendant que notre mère berçait du pied une de mes petites sœurs dans son berceau, et qu'elle allaitait l'autre sur un long canapé de velours d'Utrecht rouge et râpé, à l'angle du salon, mon père lisait. Moi je jouais à terre à ses pieds avec des morceaux de sureau que le jardinier avait coupés pour moi dans le jardin ; je faisais sortir la moelle du bois à l'aide d'une baguette de fusil. J'y creusais des trous à distances égales, j'en refermais aux deux extrémités l'orifice, et j'en taillais ainsi des flûtes que j'allais essayer le lendemain avec mes camarades, les enfants du village, et qui résonnaient mélodieusement au printemps sous les saules au bord du ruisseau, dans les prés.

Mon père avait une voix sonore, douce, grave, vibrante, comme les palpitations d'une corde de harpe, où la vie des entrailles auxquelles on l'a arrachée semble avoir laissé le gémissement d'un nerf animé. Cette voix, qu'il avait beaucoup exercée dans sa jeunesse en jouant la tragédie et la comédie dans les loisirs de ses garnisons, n'était point déclamatoire, mais pathétique. Elle empruntait un attendrissement d'organe et une suavité de son de plus, de l'heure, du lieu, du recueillement de la soirée, de la présence de ses petits enfants jouant ou dormant autour de lui, du bruit monotone de ce berceau à qui le mouvement était imprimé par le bout de la pantoufle de notre mère, et par l'aspect de cette belle jeune femme qu'il adorait, et qu'il se plaisait à distraire des perpétuels soucis de sa maternité.

Il lisait dans un grand et beau volume relié en peau et à tranche dorée (c'était un volume des œuvres de Voltaire) la tragédie de *Mérope*. Sa voix changeait d'accents avec le rôle. C'était tantôt le tyran cruel, tantôt la mère tremblante, tantôt le fils errant et persécuté ; puis les larmes de la reconnaissance, puis les soupçons de l'usurpateur, puis la fureur, la désolation, le coup de poignard, les larmes, les sanglots, la mort, le livre qui se refermait, le long silence qui suit les fortes commotions du cœur.

Tout en creusant mes flûtes de sureau, j'écoutais, je comprenais, je sentais ; ce drame de mère et de fils se déroulait précisément tout entier dans l'ordre d'idées et de sentiments le plus à portée de mon intelligence et de mon cœur. Je me figurais Mérope dans ma mère ; moi dans le fils disparu et reconnu retombant dans ses bras, arraché de son sein. De plus, ce langage cadencé comme une danse des mots dans l'oreille, ces belles images qui font voir ce qu'on entend, ces hémistiches qui reposent le son pour le précipiter ensuite plus rapide, ces consonnances de la fin des vers qui sont comme des échos répercutés où le même sentiment se prolonge dans le même son, cette symétrie des rimes qui correspond matériellement à je ne sais quel instinct de symétrie morale cachée au fond de notre nature, et qui pourrait bien être une contre-empreinte de l'ordre divin, du rythme incréé dans l'univers ; enfin cette solennité de la voix de mon père, qui transfigurait sa parole ordinairement simple, et qui me rappelait l'accent religieux des psalmodies du prêtre le dimanche dans l'église de Milly ; tout cela suscitait vivement mon attention, ma curiosité, mon émotion même. Je me disais intérieurement : Voilà une langue que je voudrais bien savoir, que je voudrais bien parler quand je serai grand. Et quand neuf heures sonnaient à la grosse horloge de noyer de la cuisine, et que j'avais fait ma prière et embrassé mon père et ma mère, je repassais en m'endormant ces vers, comme un homme qui vient d'être ballotté par les vagues sent encore, après être descendu à terre, le roulis de la mer, et croit que son lit nage sur les flots.

Depuis cette lecture de *Mérope*, je cherchais toujours de préférence les ouvrages qui contenaient des vers, parmi les volumes oubliés sur la table de mon père ou sur le piano de ma mère, au salon. La *Henriade*, toute sèche et toute déclamatoire qu'elle fût, me ravissait. Ce n'était que l'amour du son, mais ce son était pour moi une musique. On me faisait bien apprendre aussi par cœur quelques fables de La Fontaine ; mais ces vers boiteux, disloqués, inégaux, sans symétrie ni dans l'oreille ni sur la page, me rebutaient. D'ailleurs, ces histoires d'animaux qui parlent, qui se font des leçons, qui se moquent les uns des autres, qui sont égoïstes, railleurs, avares, sans pitié, sans amitié, plus méchants que nous, me soulevaient le cœur. Les fables de La Fontaine sont plutôt la philosophie dure, froide et égoïste d'un vieillard, que la philosophie aimante, généreuse, naïve et bonne d'un enfant : c'est du fiel, ce n'est pas du lait pour les lèvres et pour les cœurs de cet âge. Ce livre me répugnait ; je ne savais pas pourquoi. Je l'ai su depuis : c'est qu'il n'est pas bon. Comment le livre serait-il bon ? l'homme ne l'était pas. On dirait qu'on lui a donné par dérision le nom du *bon La Fontaine*. La Fontaine était un philosophe de beaucoup d'esprit, mais un philosophe cynique. Que penser d'une nation qui commence l'éducation de ses enfants par les leçons d'un cynique ? Cet homme, qui ne connaissait pas son fils, qui vivait sans famille, qui écrivait des contes orduriers en cheveux blancs pour provoquer les sens de la jeunesse ; qui mendiait dans des dédicaces adulatrices l'aumône des riches financiers du temps pour payer ses faiblesses ; cet homme dont *Racine, Corneille, Boileau, Fénelon, Bossuet*, les poètes, les écrivains ses contemporains ne parlent pas, ou ne parlent qu'avec une espèce de pitié comme d'un vieux enfant, n'était ni un sage ni un homme naïf. Il avait la philosophie du sans-souci et la naïveté de l'égoïsme. Douze vers sonores, sublimes, religieux d'*Athalie* m'effaçaient de l'oreille toutes les cigales, tous les corbeaux et tous les renards de cette ménagerie puérile. J'étais né sérieux et tendre ; il me fallait dès lors une langue selon mon âme. Jamais je n'ai pu, depuis, revenir de mon antipathie contre les fables.

Une autre impression de ces premières années confirma, je ne sais comment, mon inclination d'enfant pour les vers.

Un jour que j'accompagnais mon père à la chasse, la voix des chiens égarés nous conduisit sur le revers d'une montagne boisée, dont les pentes, entrecoupées de châtaigniers et de petits prés, sont semées de quelques chaumières et de deux ou trois maisonnettes blanchies à la chaux, un peu plus riches que les masures de paysans, et entourées chacune d'un verger, d'un jardin, d'une haie vive, d'une cour rustique. Mon père ayant retrouvé les chiens et les ayant remis en laisse avec leur collier de grelots, cherchait de l'œil un sentier qui menait à une de ces maisons, pour m'y faire déjeuner et reposer un moment, car nous avions marché depuis l'aube du jour.

Cette maison était habitée par un de ses amis, vieil officier des armées du roi, retiré du service, et finissant ses jours dans ces montagnes natales, entre une servante et un chien. C'était une belle journée d'automne. Les rayons du soleil du matin, dorant de teintes bronzées les châtaigniers et de teintes pourpres les flèches de deux ou trois jeunes peupliers, venaient se réverbérer sur le mur blanc de la petite maison, et entraient avec la brise chaude par une petite fenêtre ouverte encadrée de lierre, comme pour l'inonder de lumière, de gaieté et de parfum. Des pigeons roucoulaient sur le mur d'appui d'une étroite terrasse, d'où la source domestique tombait dans le verger par un conduit de bois creux, comme dans les villages suisses.

Nous appuyâmes le pouce sur le loquet, nous traversâmes la cour ; le chien aboya sans colère, et vint me lécher les mains en battant l'air de sa queue, signe d'hospitalité pour les enfants. La vieille servante me mena à la cuisine pour me couper une tranche de pain bis, puis au verger pour me cueillir des pêches de vigne. Mon père était entré chez son ami. Quand j'eus mon pain à la main et mes pêches dans mon chapeau, la bonne femme me ramena à la maison rejoindre mon père.

Je le trouvai dans un petit cabinet de travail, causant avec son ami. Cet ami était un beau vieillard à cheveux blancs comme la neige, à l'aspect militaire, à l'œil vif, à la bouche gracieuse et mélancolique, au geste franc, à la voix mâle mais un peu cassée.

Il était assis entre la fenêtre ouverte et une petite table à écrire, sur laquelle les rayons du soleil, découpés par les feuilles d'arbres, flottaient aux ondulations du vent, qui agitaient les branches du peuplier comme une eau courante moirée d'ombre et de jour. Deux pigeons apprivoisés becquetaient les pages d'un gros livre ouvert sous le coude du vieillard. Il y avait sur la table une écritoire en bois de rose avec deux petites coupes d'argent ciselé, l'une pour la liqueur noire, l'autre pour le sable d'or. Au milieu de la table on voyait de belles feuilles de papier vélin blanc comme l'albâtre, longues et larges comme celles des grands livres de plain-chant que j'admirais le dimanche à l'église sur le pupitre du sacristain. Ces feuilles de papier étaient liées ensemble par le dos avec des nœuds d'un petit ruban de bleu de ciel qui aurait fait envie aux collerettes des jeunes filles de Milly.

Sur la première de ces feuilles, où la plume à blanches ailes était couchée depuis l'arrivée de mon père, on voyait quelque chose d'écrit. C'étaient des lignes régulières, espacées, égales, tracées avec la règle et le compas, d'une forme et d'une netteté admirables, entre deux larges marges blanches encadrées elles-mêmes dans de jolis dessins de fleurs à l'encre bleue. Je n'ai pas besoin d'ajouter que ces lignes étaient des vers. Le vieillard était poète ; et comme sa médiocrité n'était pas aussi dorée que celle d'Horace, et qu'il ne pouvait pas payer à des imprimeurs l'impression de ses rêves champêtres, il se faisait à lui-même des éditions soignées de ses œuvres en manuscrit, qui ne lui coûtaient que son temps et l'huile de sa lampe ; il espérait confusément qu'après lui la *gloire tardive*, comme disent les anciens, la meilleure, la plus impartiale et la plus durable des gloires, ouvrirait un jour le coffret de *cèdre* dans lequel il renfermait ses manuscrits poétiques, et le vengerait du silence et de l'obscurité dans lesquels la fortune ensevelissait son génie vivant. Mon père et lui causaient de ses ouvrages pendant que je mangeais mes pêches et mon pain, dont je jetais les miettes aux deux pigeons.

Le vieillard, enchanté d'avoir un auditeur inattendu, lut à mon père un fragment du poème interrompu. C'était la description d'une fontaine sous des châtaigniers, au bord de laquelle des jeunes filles déposent leurs cruches à l'ombre, et cueillent des pervenches et des marguerites pour se faire des couronnes ; un mendiant survenait, et racontait aux jeunes bergères l'histoire d'Aréthuse, de Narcisse, d'Hylas, des dryades, des naïades, de Thétis, d'Amphitrite, et de toutes les nymphes qui ont touché à l'eau douce ou à l'eau salée. Car ce vieillard était de son temps, et en ce temps-là aucun poète ne se serait permis d'appeler les choses par leur nom. Il fallait avoir un dictionnaire mythologique sous son chevet, si l'on voulait rêver des vers. Je suis le premier qui ai fait descendre la poésie du Parnasse, et qui ai donné à ce qu'on nommait la muse, au lieu d'une lyre à sept cordes de convention, les fibres mêmes du cœur de l'homme, touchées et émues par les innombrables frissons de l'âme et de la nature.

Quoi qu'il en soit, mon père, qui était trop poli pour s'ennuyer de mauvais vers au foyer même du poète, donna quelques éloges aux rimes du vieillard, siffla ses chiens, et me ramena à la maison. Je lui demandai en chemin quelles étaient donc ces jolies lignes égales, symétriques, espacées, encadrées de roses, liées de rubans, qui étaient sur la table. Il me répondit que c'étaient des vers, et que notre hôte était un poète. Cette réponse me frappa. Cette scène me fit une longue impression ; et depuis ce jour-là, toutes les fois que j'entendais parler d'un poète, je me représentais un beau vieillard assis près d'une fenêtre ouverte à large horizon, dans une maisonnette au bord de grands bois, au murmure dune source, aux rayons d'un soleil d'été tombant sur sa plume, et écrivant entre ses oiseaux et son chien des histoires merveilleuses, dans une langue de musique dont les paroles chantaient comme les cordes de la harpe de ma mère, touchées par les ailes invisibles du vent dans le jardin de Milly.

Une telle image, à laquelle se mêlait sans doute le souvenir des pêches, du pain bis, de la bonne servante, des pigeons privés, du chien caressant, était de nature à me donner un grand goût pour les poètes, et je me promettais bien de ressembler à ce vieillard et de faire ce qu'il faisait quand je serais vieux. Les beaux versets des psaumes de David, que notre mère nous récitait le dimanche en nous les traduisant pour nous remplir l'imagination de piété, me paraissaient aussi une langue bien supérieure à ces misérables puérilités de la Fontaine, et je comprenais que c'était ainsi qu'on devait parler à Dieu.

Ce furent là mes premières notions et mes premiers avant-goûts de poésie. Ils s'effacèrent longtemps et entièrement sous le pénible travail de traduction obligée des poètes grecs et latins qu'on m'imposa ensuite comme à tous les enfants dans les études de collège. Il y a de quoi dégoûter le genre humain de tout sentiment poétique. La peine qu'un malheureux enfant se donne à apprendre une langue morte, et à chercher dans un dictionnaire le sens français du mot qu'il lit en latin ou en grec dans *Homère*, dans *Pindare* ou dans *Horace*, lui enlève toute la volupté de cœur ou d'esprit que lui ferait la poésie même, s'il la lisait couramment en âge de raison. Il cherche, au lieu de jouir. Il maudit le mot sans avoir le loisir de penser au sens. C'est le pionnier qui pioche la cendre ou la lave dans les fouilles de Pompéi ou d'Herculanum pour arracher du sol, à la sueur de son front, tantôt un bras, tantôt un pied, tantôt une boucle de cheveux de la statue qu'il déterre, au lieu du voluptueux contemplateur qui possède de l'œil la Vénus restaurée sur son piédestal, dans son jour, dans sa grâce et dans sa nudité, parmi les divinités de l'art du Vatican ou du palais Pitti à Florence.

Quant à la poésie française, les fragments qu'on nous faisait étudier chez les jésuites consistaient en quelques pitoyables rapsodies du père *Ducerceau* et de madame Deshoulières, dans quelques épîtres de Boileau sur l'*Equivoque*, sur les bruits de Paris, et sur le mauvais dîner du restaurateur Mignot. Heureux encore quand on nous permettait de lire l'épître à Antoine,

> *Son jardinier d'Auteuil,*
> *Qui dirige chez lui l'if et le chèvrefeuil ;*

et quelques plaisanteries de sacristie empruntées au *Lutrin* !

Qu'espérer de la poésie d'une nation qui ne donne pour modèle du beau dans les vers à sa jeunesse que des poèmes burlesques, et qui, au lieu de l'enthousiasme, enseigne la parodie à des cœurs et à des imaginations de quinze ans ?

Aussi je n'eus pas une aspiration de poésie pendant toutes ces études classiques. Je n'en retrouvais quelque étincelle dans mon âme que pendant les vacances, à la fin de l'année. Je venais passer alors six délicieuses semaines près de ma mère, de mon père, de mes sœurs, dans la petite maison de campagne qu'ils habitaient. Je retrouvais sur les rayons poudreux du salon la *Jérusalem délivrée* du Tasse, et le *Télémaque* de Fénelon. Je les emportais dans le jardin, sous une petite marge d'ombre que le berceau de charmille étend le soir sur l'herbe d'une allée. Je me couchais à côté de mes livres chéris, et je respirais en liberté les songes qui s'exhalaient pour mon imagination de leurs pages, pendant que l'odeur des roses, des giroflées et des œillets des plates-bandes m'enivrait des exhalaisons de ce sol, dont j'étais moi-même un pauvre cep transplanté !

Ce ne fut donc qu'après mes études terminées que je commençai à avoir quelques vagues pressentiments de poésie. C'est Ossian, après le Tasse, qui me révéla ce monde des images et des sentiments que j'aimai tant depuis à évoquer avec leurs voix. J'emportais un volume d'Ossian sur les montagnes ; je le lisais où il avait été inspiré, sous les sapins, dans les nuages, à travers les brumes d'automne, assis près des déchirures des torrents, aux frissons des vents du nord, au bouillonnement des eaux de neige dans les ravins.

Ossian fut l'Homère de mes premières années ; je lui dois une partie de la mélancolie de mes pinceaux. C'est la tristesse de l'Océan. Je n'essayai que très rarement de l'imiter ; mais je m'en assimilai involontairement le vague, la rêverie, l'anéantissement dans la contemplation, le regard fixe sur des apparitions confuses dans le lointain. C'était pour moi une mer après le naufrage, sur laquelle flottent, à la lueur de la lune, quelques débris ; où l'on entrevoit quelques figures de jeunes filles élevant leurs bras blancs, déroulant leurs cheveux humides sur l'écume des vagues ; où l'on distingue des voix plaintives entrecoupées du mugissement des flots contre l'écueil. C'est le livre non écrit de la rêverie, dont les pages sont couvertes de caractères énigmatiques et flottants avec lesquels l'imagination fait et défait ses propres poèmes, comme l'œil rêveur avec les nuées fait et défait ses paysages.

Je n'écrivais rien moi-même encore. Seulement quand je m'asseyais au bord des bois de sapin, sur quelque promontoire des lacs de la Suisse, ou quand j'avais passé des journées entières à errer sur les grèves sonores des mers d'Italie, et que je m'adossais à quelque débris de môle ou de temple pour regarder la mer ou pour écouter l'inépuisable balbutiement des vagues à mes pieds, des mondes de poésie roulaient dans mon cœur et dans mes yeux ; je composais pour moi seul, sans les écrire, des poèmes aussi vastes que la nature, aussi resplendissants que le ciel, aussi pathétiques que les gémissements des brises de mer dans les têtes des pins-liéges et dans les feuilles des lentisques, qui coupent le vent comme autant de petits glaives, pour le faire pleurer et sangloter dans des millions de petites voix.

La nuit me surprenait souvent ainsi, sans pouvoir m'arracher au charme des fictions dont mon imagination s'enchantait elle-même. Oh quels poèmes, si j'avais pu et si j'avais su les chanter aux autres alors comme je me les chantais intérieurement ! Mais ce qu'il y a de plus divin dans le cœur de l'homme n'en sort jamais, faute de langue pour être articulé ici-bas. L'âme est infinie, et les langues ne sont qu'un petit nombre de signes façonnés par l'usage pour les besoins de communication du vulgaire des hommes. Ce sont des instruments à vingt-quatre cordes pour rendre les myriades de notes que la passion, la pensée, la rêverie, l'amour, la prière, la nature et Dieu font entendre dans l'âme humaine. Comment contenir l'infini dans ce bourdonnement d'un insecte au bord de sa ruche, que la ruche voisine ne comprend même pas ? Je renonçais à chanter, non faute de mélodies intérieures, mais faute de voix et de notes pour les révéler.

Cependant je lisais beaucoup, et surtout les poètes. À force de les lire, je voulus quelquefois les imiter. À mes retours de voyages, pour passer les hivers tristes et longs à la campagne, dans la maison sans distraction de mon père, j'ébauchai plusieurs poèmes épiques, et j'écrivis en entier cinq ou six tragédies. Cet exercice m'assouplit la main et l'oreille aux rythmes. J'écrivis aussi un ou deux volumes d'élégies amoureuses, sur le mode de Tibulle, du chevalier de Bertin et de Parny. Ces deux poètes faisaient les délices de la jeunesse. L'imagination, toujours très-sobre d'élans et alors très-desséchée par le matérialisme de la littérature impériale, ne concevait rien de plus idéal que ces petits vers corrects et harmonieux de Parny, exprimant à petites doses les fumées d'un verre de vin de Champagne, les agaceries, les frissons, les ivresses froides, les ruptures, les réconciliations, les langueurs d'un amour de bonne compagnie qui changeait de nom à chaque livre.

Je fis comme mes modèles, quelquefois peut-être aussi bien qu'eux. Je copiai avec soin, pendant un automne pluvieux, quatre livres d'élégies, formant ensemble deux volumes, sur du beau papier vélin, et gravées plutôt qu'écrites d'une plume plus amoureuse que mes vers. Je me proposais de publier un jour ce recueil quand j'irais à Paris, et de me faire un nom dans un des médaillons de cette guirlande de voluptueux immortels qui n'ont cueilli de la vie humaine que les roses et les myrtes, qui commencent à Anacréon, à Bion, à Moschus, qui se continuent par Properce, Ovide, Tibulle, et qui finissent à Chaulieu, à la Fare, à Parny.

Mais la nature en avait autrement décidé. À peine mes deux beaux volumes étaient-ils copiés, que le mensonge, le vide, la légèreté, le néant de ces pauvretés sensuelles plus ou moins bien rimées m'apparut. La pointe de feu des premières grandes passions réelles n'eut qu'à toucher et à brûler mon cœur, pour y effacer toutes ces puérilités et tous ces plagiats d'une fausse littérature. Dès que j'aimai, je rougis de ces profanations de la poésie aux sensualités grossières. L'amour fut pour moi le charbon de feu qui brûle, mais qui purifie les lèvres. Je pris un jour mes deux volumes d'élégies, je les relus avec un profond mépris de moi-même, je demandai pardon à Dieu du temps que j'avais perdu à les écrire, je les jetai au brasier, je les regardai noircir et se tordre avec leur belle reliure de maroquin vert sans regret ni pitié, et j'en vis monter la fumée comme celle d'un sacrifice de bonne odeur à Dieu et au véritable amour.

Je changeai à cette époque de vie et de lectures. Le service militaire, les longues absences, les attachements sérieux, les amitiés plus saines, le retour à mes instincts naturellement religieux cultivés de nouveau en moi par la *Béatrice* de ma jeunesse, le dégoût des légèretés du cœur, le sentiment grave de l'existence et de son but, puis enfin la mort de ce que j'avais aimé, qui mit un sceau de deuil sur ma physionomie comme sur mes lèvres ; tout cela, sans éteindre en moi la poésie, la refoula bien loin et longtemps dans mes pensées. Je passai huit ans sans écrire un vers.

Quand les longs loisirs et le vide des attachements perdus me rendirent cette espèce de chant intérieur qu'on appelle poésie, ma voix était changée, et ce chant était triste comme la vie réelle. Toutes mes fibres attendries de larmes pleuraient ou priaient, au lieu de chanter. Je n'imitais plus personne, je m'exprimais moi-même pour moi-même. Ce n'était pas un art, c'était un soulagement de mon propre cœur, qui se berçait de ses propres sanglots. Je ne pensais à personne en écrivant çà et là ces vers, si ce n'est à une ombre et à Dieu. Ces vers étaient un gémissement ou un cri de l'âme. Je cadençais ce cri ou ce gémissement dans la solitude, dans les bois, sur la mer ; voilà tout. Je n'étais pas devenu plus poète, j'étais devenu plus sensible, plus sérieux et plus vrai. C'est là le véritable art : être touché ; oublier tout art pour atteindre le souverain art, la nature :

Si vis me flere, dolendum est
Primum ipsi tibi !...

Ce fut tout le secret du succès si inattendu pour moi de ces *Méditations*, quand elles me furent arrachées, presque malgré moi, par des amis à qui j'en avais lu quelques fragments à Paris. Le public entendit une âme sans la voir, et vit un homme au lieu d'un livre. Depuis J.-J. Rousseau, Bernardin de Saint-Pierre et Châteaubriand, c'était le poète qu'il attendait. Ce poète était jeune, malhabile, médiocre ; mais il était sincère. Il alla droit au cœur, il eut des soupirs pour échos et des larmes pour applaudissements.

Je ne jouis pas de cette fleur de renommée qui s'attacha à nom dès le lendemain de la publication de ce premier volume des *Méditations*. Trois jours après je quittai Paris pour aller occuper un poste diplomatique à l'étranger. Louis XVIII, qui avait de l'*Auguste* dans le caractère littéraire, se fit lire, par le duc de *Duras*, mon petit volume, dont les journaux et les salons retentissaient. Il crut qu'une nouvelle *Mantoue* promettait à son règne un nouveau *Virgile*. Il ordonna et M. *Siméon*, son ministre de l'intérieur, de m'envoyer, de sa part, l'édition des classiques de Didot, seul présent que j'aie jamais reçu des cours. Il signa le lendemain ma nomination à un emploi de secrétaire d'ambassade, qui lui fut présentée par M. *Pasquier*, son ministre des affaires étrangères. Le roi ne me vit pas. Il était loin de se douter qu'il me connaissait beaucoup de figure, et que le poète dont il redisait déjà les vers était un de ces jeunes officiers de ses gardes qu'il avait souvent paru remarquer, et à qui il avait une ou deux fois adressé la parole quand je galopais aux roues de sa voiture, dans les courses à Versailles ou à Saint-Germain.

Ces vers cependant furent pendant longtemps l'objet des critiques, des dénigrements et des railleries du vieux parti littéraire classique, qui se sentait détrône par cette nouveauté. Le *Constitutionnel* et la *Minerve*, journaux très illibéraux en matière de sentiment et de goût, s'acharnèrent pendant sept à huit ans contre mon nom. Ils m'affublèrent d'ironies, ils m'aguerrirent aux épigrammes. Le vent les emporta ; mes mauvais vers restèrent dans le cœur des jeunes gens et des femmes, ces précurseurs de toute postérité. Je vivais loin de la France, j'étudiais mon métier, j'écrivais encore de temps en temps les impressions de ma vie en méditations, en harmonies, en poèmes ; je n'avais aucune impatience de célébrité, aucune susceptibilité d'amour-propre, aucune jalousie d'auteur. Je n'étais pas auteur, j'étais ce que les modernes appellent un *amateur*, ce que les anciens appelaient un *curieux* de littérature, comme je suppose que Horace, Cicéron, Scipion, César lui-même l'étaient de leur temps. La poésie n'était pas mon métier ; c'était un accident, une aventure heureuse, une bonne fortune dans ma vie. J'aspirais à tout autre chose, je me destinais à d'autres travaux. Chanter n'est pas vivre : c'est se délasser ou se consoler par sa propre voix. Heureux temps ! bien des jours et bien des événements m'en séparent.

Et aujourd'hui je reçois continuellement des lettres d'inconnus qui ne cessent de me dire : « Pourquoi ne chantez-vous plus ? Nous écoutons encore. » Ces amis invisibles de mes vers ne se sont donc jamais rendu compte de la nature de mon faible talent et de la nature de la poésie elle-même ? Ils croient apparemment que le cœur humain est une lyre toujours montée et toujours complète, que l'on peut interroger du doigt à chaque heure de la vie, et dont aucune corde ne se détend, ne s'assourdit ou ne se brise avec les années et sous les vicissitudes de l'âme ? Cela peut être vrai pour des poètes souverains, infatigables, immortels ou toujours rajeunis par leur génie, comme Homère, Virgile, Racine, Voltaire, Dante, Pétrarque, Byron, et d'autres que je nommerais s'ils n'étaient pas mes émules et mes contemporains. Ces hommes exceptionnels ne sont que pensée, cette pensée n'est en eux que poésie, leur existence tout entière n'est qu'un développement continu et progressif de ce don de l'enthousiasme poétique que la nature a allumé en eux en les faisant naître, qu'ils respirent avec l'air, et qui ne s'évapore qu'avec leur dernier soupir. Quant à moi, je n'ai pas été doué ainsi. La poésie ne m'a jamais possédé tout entier. Je ne lui ai donné dans mon âme et dans ma vie seulement que la place que l'homme donne au chant dans sa journée : des moments le matin, des moments le soir, avant et après le travail sérieux et quotidien. Le rossignol lui-même, ce chant de la nature incarné dans les bois, ne se fait entendre qu'à ces deux heures du soleil qui se lève et du soleil qui se couche, et encore dans une seule saison de l'année. La vie est la vie, elle n'est pas un hymne de joie ou un hymne de tristesse perpétuel. L'-

homme qui chanterait toujours ne serait pas un homme, ce serait une voix.

L'idéal d'une vie humaine a toujours été pour moi celui-ci : la poésie de l'amour et du bonheur au commencement de la vie ; le travail, la guerre, la politique, la philosophie, toute la partie active qui demande la lutte, la sueur, le sang, le courage, le dévouement, au milieu ; et enfin le soir, quand le jour baisse, quand le bruit s'éteint, quand les ombres descendent, quand le repos approche, quand la tâche est faite, une seconde poésie ; mais la poésie religieuse alors, la poésie qui se détache entièrement de la terre et qui aspire uniquement à Dieu, comme le chant de l'alouette au-dessus des nuages. Je ne comprends donc le poète que sous deux âges et sous deux formes : à vingt ans, sous la forme d'un beau jeune homme qui aime, qui rêve, qui pleure en attendant la vie active ; à quatre-vingts ans, sous la forme d'un vieillard qui se repose de la vie, assis à ses derniers soleils contre le mur du temple, et qui envoie devant lui au Dieu de son espérance ses extases de résignation, de confiance et d'adoration, dont ses longs jours ont fait déborder ses lèvres. Ainsi fut David, le plus lyrique, le plus pieux et le plus pathétique à la fois des hommes qui chantèrent leur propre cœur ici-bas. D'abord une harpe à la main, puis une épée et un sceptre, puis une lyre sacrée ; poète au printemps de ses années, guerrier et roi au milieu, prophète à la fin voilà l'homme d'inspiration complet !

Cette poésie des derniers jours, pour en être plus grave, n'en est pas moins céleste : au contraire, elle se purifie et se divinise en remontant au seul être qui mérite d'être éternellement contemplé et chanté, l'Être infini ! C'est encore la sève du cœur de l'homme, formée de larmes, d'amour, de délires, de tristesses ou de voluptés ; mais ce cœur, mûri par les longs soleils de la vie, n'en est pas moins savoureux : il est comme l'arbre d'encens que j'ai vu dans les sables de la Judée, dont la sève en vieillissant devient parfum, et qui passe des jardins, où on le cueillait et l'ombre, sur l'autel où on le brûle à la gloire de Jéhovah.

Une naïve et touchante image de ces deux natures de poésie et des deux natures de sons que rend l'âme du poète aux différents âges me revient de loin à la mémoire au moment où j'écris ces lignes.

Quand nous étions enfants, nous nous amusions quelquefois, mes petites sœurs et moi, à un jeu que nous appelions *la musique des anges*. Ce jeu consistait à plier une baguette d'osier en demi-cercle ou en arc à angle très-aigu, à en rapprocher les extrémités par un fil semblable à la corde sur laquelle on ajuste la flèche, à nouer ensuite des cheveux d'inégale grandeur aux deux côtés de l'arc, comme sont disposées les fibres d'une harpe, et à exposer cette petite harpe au vent. Le vent d'été, qui dort et qui respire alternativement d'une haleine folle, faisait frissonner le réseau, et en tirait des sons d'une ténuité presque imperceptible, comme il en tire des feuilles dentelées des sapins. Nous prêtions tour à tour l'oreille, et nous nous imaginions que c'étaient les esprits célestes qui chantaient. Nous nous servions habituellement, pour ce jeu, des longs cheveux fins, jeunes, blonds et soyeux, coupés aux tresses pendantes de mes sœurs ; mais, un jour, nous voulûmes éprouver si les anges joueraient les mêmes mélodies sur des cordes d'un autre âge, empruntées à un autre front. Une bonne tante de mon père, qui vivait à la maison, et dont les cachots de la Terreur avaient blanchi la belle tête avant l'âge, surveillait nos jeux en travaillant de l'aiguille, à côté de nous, dans le jardin. Elle se prêta à notre enfantillage, et coupa avec ses ciseaux une longue mèche de ses cheveux, qu'elle nous livra.

Nous en fîmes aussitôt une seconde harpe, et, la plaçant à côté de la première, nous les écoutâmes toutes deux chanter. Or, soit que les fils fussent mieux tendus, soit qu'ils fussent d'une nature plus élastique et plus plaintive, soit que le vent soufflât plus doux et plus fort dans l'une des petites harpes que dans l'autre, nous trouvâmes que les esprits de l'air chantaient plus tristement et plus harmonieusement dans les cheveux blancs que dans les cheveux blonds d'enfant ; et, depuis ce jour, nous importunions souvent notre tante pour qu'elle laissât dépouiller par nos mains son beau front.

Ces deux harpes dont les cordes rendent des sons différents selon l'âge de leurs fibres, mais aussi mélodieux à travers le réseau blanc qu'à travers le réseau blond de ces cordes vivantes ; ces deux harpes ne sont-elles pas l'image puérile, mais exacte, des deux poésies appropriées aux deux âges de l'homme ? Songe et joie dans la jeunesse ; hymne et piété dans les dernières années. Un salut et un adieu à l'existence et à la nature, mais un adieu qui est un salut aussi ! un salut plus enthousiaste, plus solennel et plus saint et la vision de Dieu qui se lève tard, mais qui se lève plus visible sur l'horizon du soir de la vie humaine !

Je ne sais pas ce que la Providence me réserve de sort et de jours. Je suis dans le tourbillon au plus fort du courant du fleuve, dans la poussière des vagues soulevées par le vent, à ce milieu de la traversée où l'on ne voit plus le bord de la vie d'où l'on est parti, où l'on ne voit pas encore le bord où l'on doit aborder, si on aborde ; tout est dans la main de Celui qui dirige les atomes comme les globes dans leur rotation, et qui a compté d'avance les palpitations du cœur du moucheron et de l'homme comme les circonvolutions des soleils. Tout est bien et tout est béni de ce qu'il aura voulu. Mais si, après les sueurs, les labeurs, les agitations et les lassitudes de la journée humaine, la volonté de Dieu me destinait un long soir d'inaction, de repos, de sérénité avant la nuit, je sens que je redeviendrais volontiers à la fin de mes jours ce que je fus au commencement : un poète, un adorateur, un chantre de sa création. Seulement, au lieu de chanter pour moi-même ou pour les hommes, je chanterais pour lui ; mes hymnes ne contiendraient que le nom éternel et infini, et mes vers, au lieu d'être des retours sur moi-même, des plaintes, ou des délires personnels, seraient une note sacrée de ce cantique incessant et universel que toute créature doit chanter, du cœur ou de la voix, en naissant, en vivant, en passant, en mourant, devant son Créateur.

LAMARTINE.
2 juillet 1849.

L'ISOLEMENT

Souvent sur la montagne, à l'ombre du vieux chêne,
Au coucher du soleil, tristement je m'assieds ;
Je promène au hasard mes regards sur la plaine,
Dont le tableau changeant se déroule à mes pieds.

Ici, gronde le fleuve aux vagues écumantes,
Il serpente, et s'enfonce en un lointain obscur ;
Là, le lac immobile étend ses eaux dormantes
Où l'étoile du soir se lève dans l'azur.

Au sommet de ces monts couronnés de bois sombres,

Le crépuscule encore jette un dernier rayon,
Et le char vaporeux de la reine des ombres
Monte, et blanchit déjà les bords de l'horizon.

Cependant, s'élançant de la flèche gothique,
Un son religieux se répand dans les airs,
Le voyageur s'arrête, et la cloche rustique
Aux derniers bruits du jour mêle de saints concerts.

Mais à ces doux tableaux mon âme indifférente
N'éprouve devant eux ni charme, ni transports,
Je contemple la terre, ainsi qu'une ombre errante :
Le soleil des vivants n'échauffe plus les morts.

De colline en colline en vain portant ma vue,
Du sud à l'aquilon, de l'aurore au couchant,
Je parcours tous les points de l'immense étendue,
Et je dis : Nulle part le bonheur ne m'attend.

Que me font ces vallons, ces palais, ces chaumières ?

Vains objets dont pour moi le charme est envolé ;
Fleuves, rochers, forêts, solitudes si chères,
Un seul être vous manque, et tout est dépeuplé.

Que le tour du soleil ou commence ou s'achève.
D'un œil indifférent je le suis dans son cours ;
En un ciel sombre ou pur qu'il se couche ou se lève,
Qu'importe le soleil ? je n'attends rien des jours.

Quand je pourrais le suivre en sa vaste carrière,
Mes yeux verraient par-tout le vide et les déserts :
Je ne desire rien de tout ce qu'il éclaire,
Je ne demande rien à l'immense univers.

Mais peut-être au-delà des bornes de sa sphère,
Lieux où le vrai soleil éclaire d'autres cieux,
Si je pouvais laisser ma dépouille à la terre,
Ce que j'ai tant rêvé paraîtrait à mes yeux ?

Là, je m'enivrerais à la source où j'aspire,
Là, je retrouverais et l'espoir et l'amour,
Et ce bien idéal que toute âme desire
Et qui n'a pas de nom au terrestre séjour !

Que ne puis-je, porté sur le char de l'Aurore,
Vague objet de mes vœux, m'élancer jusqu'à toi ;
Sur la terre d'exil pourquoi resté-je encore ?
Il n'est rien de commun entre la terre et moi.

Quand la feuille des bois tombe dans la prairie,
Le vent du soir se lève et l'arrache aux vallons ;
Et moi, je suis semblable à la feuille flétrie :
Emportez-moi comme elle, orageux aquilons !

L'HOMME

À LORD BYRON.

Toi, dont le monde encore ignore le vrai nom,
Esprit mystérieux, mortel, ange, ou démon ;
Qui que tu sois, Byron, bon ou fatal génie,
J'aime de tes concerts la sauvage harmonie,
Comme j'aime le bruit de la foudre et des vents
Se mêlant dans l'orage à la voix des torrents !
La nuit est ton séjour, l'horreur est ton domaine :
L'aigle, roi des déserts, dédaigne ainsi la plaine ;
Il ne veut, comme toi, que des rocs escarpés
Que l'hiver a blanchis, que la foudre a frappés ;
Des rivages couverts des débris du naufrage,
Ou des champs tout noircis des restes du carnage.

Et, tandis que l'oiseau qui chante ses douleurs
Bâtit au bord des eaux son nid parmi les fleurs,
Lui, des sommets d'Athos franchit l'horrible cime,
Suspend aux flancs des monts son aire sur l'abîme,
Et là, seul, entouré de membres palpitants,
De rochers d'un sang noir sans cesse dégouttants,
Trouvant sa volupté dans les cris de sa proie,
Bercé par la tempête, il s'endort dans sa joie.

Et toi, Byron, semblable à ce brigand des airs,
Les cris du désespoir sont tes plus doux concerts.
Le mal est ton spectacle, et l'homme est ta victime.
Ton oeil, comme Satan, a mesuré l'abîme,
Et ton âme, y plongeant loin du jour et de Dieu,
A dit à l'espérance un éternel adieu !
Comme lui, maintenant, régnant dans les ténèbres,
Ton génie invincible éclate en chants funèbres;
Il triomphe, et ta voix, sur un mode infernal,
Chante l'hymne de gloire au sombre dieu du mal.
Mais que sert de lutter contre sa destinée ?
Que peut contre le sort la raison mutinée ?
Elle n'a comme l'œil qu'un étroit horizon.
Ne porte pas plus loin tes yeux ni ta raison :

Hors de là tout nous fuit, tout s'éteint, tout s'efface;
Dans ce cercle borné Dieu t'a marqué ta place.
Comment ? pourquoi ? qui sait ? De ses puissantes mains
Il a laissé tomber le monde et les humains,
Comme il a dans nos champs répandu la poussière,
Ou semé dans les airs la nuit et la lumière;
Il le sait, il suffit : l'univers est à lui,
Et nous n'avons à nous que le jour d'aujourd'hui !

Notre crime est d'être homme et de vouloir connaître :
Ignorer et servir, c'est la loi de notre être.
Byron, ce mot est dur : longtemps j'en ai douté;
Mais pourquoi reculer devant la vérité ?
Ton titre devant Dieu c'est d'être son ouvrage !
De sentir, d'adorer ton divin esclavage;
Dans l'ordre universel, faible atome emporté,
D'unir à tes desseins ta libre volonté,
D'avoir été conçu par son intelligence,
De le glorifier par ta seule existence !
Voilà, voilà ton sort. Ah ! loin de l'accuser,
Baise plutôt le joug que tu voudrais briser;
Descends du rang des dieux qu'usurpait ton audace;
Tout est bien, tout est bon, tout est grand à sa place;

Aux regards de celui qui fit l'immensité,
L'insecte vaut un monde : ils ont autant coûté !

Mais cette loi, dis-tu, révolte ta justice;
Elle n'est à tes yeux qu'un bizarre caprice,
Un piège où la raison trébuche à chaque pas.
Confessons-la, Byron, et ne la jugeons pas !
Comme toi, ma raison en ténèbres abonde,
Et ce n'est pas à moi de t'expliquer le monde.
Que celui qui l'a fait t'explique l'univers !
Plus je sonde l'abîme, hélas ! plus je m'y perds.
Ici-bas, la douleur à la douleur s'enchaîne.
Le jour succède au jour, et la peine à la peine.
Borné dans sa nature, infini dans ses vœux,
L'homme est un dieu tombé qui se souvient des cieux;
Soit que déshérité de son antique gloire,
De ses destins perdus il garde la mémoire;
Soit que de ses désirs l'immense profondeur
Lui présage de loin sa future grandeur :
Imparfait ou déchu, l'homme est le grand mystère.
Dans la prison des sens enchaîné sur la terre,
Esclave, il sent un cœur né pour la liberté ;
Malheureux, il aspire à la félicité ;

Il veut sonder le monde, et son œil est débile ;
Il veut aimer toujours, ce qu'il aime est fragile !
Tout mortel est semblable à l'exilé d'Éden :
Lorsque Dieu l'eut banni du céleste jardin,
Mesurant d'un regard les fatales limites,
Il s'assit en pleurant aux portes interdites.
Il entendit de loin dans le divin séjour
L'harmonieux soupir de l'éternel amour,
Les accents du bonheur, les saints concerts des anges
Qui, dans le sein de Dieu, célébraient ses louanges ;
Et, s'arrachant du ciel dans un pénible effort,
Son œil avec effroi retomba sur son sort.

Malheur à qui du fond de l'exil de la vie
Entendit ces concerts d'un monde qu'il envie !
Du nectar idéal sitôt qu'elle a goûté,
La nature répugne à la réalité :
Dans le sein du possible en songe elle s'élance ;
Le réel est étroit, le possible est immense ;
L'âme avec ses désirs s'y bâtit un séjour,
Où l'on puise à jamais la science et l'amour ;
Où, dans des océans de beauté, de lumière,
L'homme, altéré toujours, toujours se désaltère ;

Et, de songes si beaux enivrants son sommeil,
Ne se reconnaît plus au moment du réveil.

Hélas ! tel fut ton sort, telle est ma destinée.
J'ai vidé comme toi la coupe empoisonnée ;
Mes yeux, comme les tiens, sans voir se sont ouverts ;
J'ai cherché vainement le mot de l'univers.
J'ai demandé sa cause à toute la nature,
J'ai demandé sa fin à toute créature ;
Dans l'abîme sans fond mon regard a plongé ;
De l'atome au soleil, j'ai tout interrogé ;
J'ai devancé les temps, j'ai remonté les âges.
Tantôt passant les mers pour écouter les sages,
Mais le monde à l'orgueil est un livre fermé !
Tantôt, pour deviner le monde inanimé,
Fuyant avec mon âme au sein de la nature,
J'ai cru trouver un sens à cette langue obscure.
J'étudiai la loi par qui roulent les cieux :
Dans leurs brillants déserts Newton guida mes yeux,
Des empires détruits je méditai la cendre :
Dans ses sacrés tombeaux Rome m'a vu descendre ;
Des mânes les plus saints troublant le froid repos,
J'ai pesé dans mes mains la cendre des héros.

J'allais redemander à leur vaine poussière
Cette immortalité que tout mortel espère !
Que dis-je ? suspendu sur le lit des mourants,
Mes regards la cherchaient dans des yeux expirants ;
Sur ces sommets noircis par d'éternels nuages,
Sur ces flots sillonnés par d'éternels orages,
J'appelais, je bravais le choc des éléments.
Semblable à la sibylle en ses emportements,
J'ai cru que la nature en ces rares spectacles
Laissait tomber pour nous quelqu'un de ses oracles ;
J'aimais à m'enfoncer dans ces sombres horreurs.
Mais en vain dans son calme, en vain dans ses fureurs,
Cherchant ce grand secret sans pouvoir le surprendre,
J'ai vu par-tout un Dieu sans jamais le comprendre !
J'ai vu le bien, le mal, sans choix et sans dessein,
Tomber comme au hasard, échappés de son sein ;
J'ai vu par-tout le mal où le mieux pouvait être,
Et je l'ai blasphémé, ne pouvant le connaître ;
Et ma voix, se brisant contre ce ciel d'airain,
N'a pas même eu l'honneur d'arrêter le destin.
Mais, un jour que, plongé dans ma propre infortune,
J'avais lassé le ciel d'une plainte importune,
Une clarté d'en haut dans mon sein descendit,

Me tenta de bénir ce que j'avais maudit,
Et, cédant sans combattre au souffle qui m'inspire,
L'hymne de la raison s'élança de ma lyre.

— « Gloire à toi, dans les temps et dans l'éternité !
Éternelle raison, suprême volonté !
Toi, dont l'immensité reconnaît la présence !
Toi, dont chaque matin annonce l'existence !
Ton souffle créateur s'est abaissé sur moi ;
Celui qui n'était pas a paru devant toi !
J'ai reconnu ta voix avant de me connaître,
Je me suis élancé jusqu'aux portes de l'être :
Me voici ! le néant te salue en naissant ;
Me voici ! mais que suis-je ? un atome pensant !
Qui peut entre nous deux mesurer la distance ?
Moi, qui respire en toi ma rapide existence,
A l'insu de moi-même à ton gré façonné,
Que me dois-tu, Seigneur, quand je ne suis pas né ?
Rien avant, rien après : Gloire à la fin suprême :
Qui tira tout de soi se doit tout à soi-même !
Jouis, grand artisan, de l'œuvre de tes mains :
Je suis, pour accomplir tes ordres souverains,
Dispose, ordonne, agis ; dans les temps, dans l'espace,

Marque-moi pour ta gloire et mon jour et ma place ;
Mon être, sans se plaindre, et sans t'interroger,
De soi-même, en silence, accourra s'y ranger.
Comme ces globes d'or qui dans les champs du vide
Suivent avec amour ton ombre qui les guide,
Noyé dans la lumière, ou perdu dans la nuit,
Je marcherai comme eux où ton doigt me conduit ;
Soit que choisi par toi pour éclairer les mondes,
Réfléchissant sur eux les feux dont tu m'inondes,
Je m'élance entouré d'esclaves radieux,
Et franchisse d'un pas tout l'abîme des cieux ;
Soit que, me reléguant loin, bien loin de ta vue,
Tu ne fasses de moi, créature inconnue,
Qu'un atome oublié sur les bords du néant,
Ou qu'un grain de poussière emporté par le vent,
Glorieux de mon sort, puisqu'il est ton ouvrage,
J'irai, j'irai par-tout te rendre un même hommage,
Et, d'un égal amour accomplissant ma loi,
Jusqu'aux bords du néant murmurer : Gloire à toi !

« Glorieux de mon sort, puisqu'il est ton ouvrage,
« J'irai, j'irai par-tout te rendre un même hommage,
« Et d'un égal amour accomplissant ma loi,

« Jusqu'aux bords du néant murmurer : Gloire à toi! —
— « Ni si haut, ni si bas ! simple enfant de la terre,
Mon sort est un problème, et ma fin un mystère;
Je ressemble, Seigneur, au globe de la nuit
Qui, dans la route obscure où ton doigt le conduit,
Réfléchit d'un côté les clartés éternelles,
Et de l'autre est plongé dans les ombres mortelles.
L'homme est le point fatal où les deux infinis
Par la toute-puissance ont été réunis.
A tout autre degré, moins malheureux peut-être,
J'eusse été... Mais je suis ce que je devais être,
J'adore sans la voir ta suprême raison,
Gloire à toi qui m'as fait ! Ce que tu fais est bon !

— « Cependant, accablé sous le poids de ma chaîne,
Du néant au tombeau l'adversité m'entraîne;
Je marche dans la nuit par un chemin mauvais,
Ignorant d'où je viens, incertain où je vais,
Et je rappelle en vain ma jeunesse écoulée,
Comme l'eau du torrent dans sa source troublée.
Gloire à toi ! Le malheur en naissant m'a choisi;
Comme un jouet vivant, ta droite m'a saisi;
J'ai mangé dans les pleurs le pain de ma misère,

Et tu m'as abreuvé des eaux de ta colère.
Gloire à toi ! J'ai crié, tu n'as pas répondu;
J'ai jeté sur la terre un regard confondu.
J'ai cherché dans le ciel le jour de ta justice ;
Il s'est levé, Seigneur, et c'est pour mon supplice !
Gloire à toi ! L'innocence est coupable à tes yeux :
Un seul être, du moins, me restait sous les cieux ;
Toi-même de nos jours avais mêlé la trame,
Sa vie était ma vie, et son âme mon âme ;
Comme un fruit encore vert du rameau détaché,
Je l'ai vu de mon sein avant l'âge arraché !
Ce coup, que tu voulais me rendre plus terrible
La frappa lentement pour m'être plus sensible ;
Dans ses traits expirants, où je lisais mon sort,
J'ai vu lutter ensemble et l'amour et la mort ;
J'ai vu dans ses regards la flamme de la vie,
Sous la main du trépas par degrés assoupie,
Se ranimer encore au souffle de l'amour !
Je disais chaque jour : Soleil ! encore un jour !
Semblable au criminel qui, plongé dans les ombres,
Et descendu vivant dans les demeures sombres,
Près du dernier flambeau qui doive l'éclairer,
Se penche sur sa lampe et la voit expirer,

Je voulais retenir l'âme qui s'évapore ;
Dans son dernier regard je la cherchais encore !
Ce soupir, ô mon Dieu ! dans ton sein s'exhala ;
Hors du monde avec lui mon espoir s'envola !
Pardonne au désespoir un moment de blasphème,
J'osai… Je me repens : Gloire au maître suprême !
Il fit l'eau pour couler, l'aquilon pour courir,
Les soleils pour brûler, et l'homme pour souffrir !
Moi seul, je t'obéis avec intelligence ;
Moi seul, je me complais dans cette obéissance ;
Je jouis de remplir, en tout temps, en tout lieu,
La loi de ma nature et l'ordre de mon Dieu ;
J'adore en mes destins ta sagesse suprême,
J'aime ta volonté dans mes supplices même,
Gloire à toi ! Gloire à toi ! Frappe, anéantis-moi !
Tu n'entendras qu'un cri : Gloire à jamais à toi ! »
Ainsi ma voix monta vers la voûte céleste :
Je rendis gloire au ciel, et le ciel fit le reste.

Fais silence, ô ma lyre ! Et toi, qui dans tes mains
Tiens le cœur palpitant des sensibles humains,
Byron, viens en tirer des torrents d'harmonie :
C'est pour la vérité que Dieu fit le génie.

Jette un cri vers le ciel, ô chantre des enfers !
Le ciel même aux damnés enviera tes concerts !
Peut-être qu'à ta voix, de la vivante flamme
Un rayon descendra dans l'ombre de ton âme ?
Peut-être que ton cœur, ému de saints transports,
S'apaisera soi-même à tes propres accords,
Et qu'un éclair d'en haut perçant ta nuit profonde,
Tu verseras sur nous la clarté qui t'inonde ?

Ah ! si jamais ton luth, amolli par tes pleurs,
Soupirait sous tes doigts l'hymne de tes douleurs,
Ou si, du sein profond des ombres éternelles,
Comme un ange tombé, tu secouais tes ailes,
Et prenant vers le jour un lumineux essor,
Parmi les chœurs sacrés tu t'asseyais encore ;
Jamais, jamais l'écho de la céleste voûte,
Jamais ces harpes d'or que Dieu lui-même écoute,
Jamais des séraphins les chœurs mélodieux,
De plus divins accords n'auront ravi les cieux !
Courage ! enfant déchu d'une race divine !
Tu portes sur ton front ta superbe origine !
Tout homme en te voyant reconnaît dans tes yeux
Un rayon éclipsé de la splendeur des cieux !

Roi des chants immortels, reconnais-toi toi-même !
Laisse aux fils de la nuit le doute et le blasphème;
Dédaigne un faux encens qu'on offre de si bas,
La gloire ne peut être où la vertu n'est pas.
Viens reprendre ton rang dans ta splendeur première,
Parmi ces purs enfants de gloire et de lumière,
Que d'un souffle choisi Dieu voulut animer,
Et qu'il fit pour chanter, pour croire et pour aimer !

LE SOIR

Le soir ramène le silence.
Assis sur ces rochers déserts,
Je suis dans le vague des airs
Le char de la nuit qui s'avance.

Vénus se lève à l'horizon ;
À mes pieds l'étoile amoureuse
De sa lueur mystérieuse
Blanchit les tapis de gazon.

De ce hêtre au feuillage sombre
J'entends frissonner les rameaux :
On dirait autour des tombeaux

Qu'on entend voltiger une ombre.

Tout-à-coup, détaché des cieux
Un rayon de l'astre nocturne,
Glissant sur mon front taciturne,
Vient mollement toucher mes yeux.

Doux reflet d'un globe de flamme,
Charmant rayon, que me veux-tu ?
Viens-tu dans mon sein abattu
Porter la lumière à mon âme ?

Descends-tu pour me révéler
Des mondes le divin mystère ?
Ces secrets cachés dans la sphère
Où le jour va te rappeler ?

Une secrète intelligence
T'adresse-t-elle aux malheureux ?
Viens-tu la nuit briller sur eux
Comme un rayon de l'espérance ?

Viens-tu dévoiler l'avenir

Au cœur fatigué qui l'implore ?
Rayon divin, es-tu l'aurore
Du jour qui ne doit pas finir ?

Mon cœur à ta clarté s'enflamme,
Je sens des transports inconnus,
Je songe à ceux qui ne sont plus :
Douce lumière, es-tu leur âme ?

Peut-être ces mânes heureux
Glissent ainsi sur le bocage ?
Enveloppé de leur image,
Je crois me sentir plus près d'eux !

Ah ! si c'est vous, ombres chéries !
Loin de la foule et loin du bruit,
Revenez ainsi chaque nuit
Vous mêler à mes rêveries.

Ramenez la paix et l'amour
Au sein de mon âme épuisée,
Comme la nocturne rosée
Qui tombe après les feux du jour.

Venez !... mais des vapeurs funèbres
Montent des bords de l'horizon ;
Elles voilent le doux rayon,
Et tout rentre dans les ténèbres.

L'IMMORTALITÉ

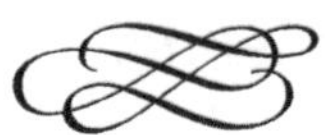

Le soleil de nos jours pâlit dès son aurore,
Sur nos fronts languissants à peine il jette encore
Quelques rayons tremblants qui combattent la nuit ;
L'ombre croit, le jour meurt, tout s'efface et tout fuit !
Qu'un autre à cet aspect frissonne et s'attendrisse,
Qu'il recule en tremblant des bords du précipice,
Qu'il ne puisse de loin entendre sans frémir
Le triste chant des morts tout prêt à retentir,
Les soupirs étouffés d'une amante ou d'un frère
Suspendus sur les bords de son lit funéraire,
Ou l'airain gémissant, dont les sons éperdus
Annoncent aux mortels qu'un malheureux n'est plus !

Je te salue, ô mort ! Libérateur céleste,
Tu ne m'apparais point sous cet aspect funeste
Que t'a prêté longtemps l'épouvante ou l'erreur ;
Ton bras n'est point armé d'un glaive destructeur,
Ton front n'est point cruel, ton œil n'est point perfide,
Au secours des douleurs un Dieu clément te guide ;
Tu n'anéantis pas, tu délivres ! ta main,
Céleste messager, porte un flambeau divin ;
Quand mon œil fatigué se ferme à la lumière,
Tu viens d'un jour plus pur inonder ma paupière ;
Et l'espoir près de toi, rêvant sur un tombeau,
Appuyé sur la foi, m'ouvre un monde plus beau !
Viens donc, viens détacher mes chaînes corporelles,
Viens, ouvre ma prison ; viens, prête-moi tes ailes ;
Que tardes-tu ? Parais ; que je m'élance enfin
Vers cet être inconnu, mon principe et ma fin !
Qui m'en a détaché ? qui suis-je, et que dois-je être ?
Je meurs et ne sais pas ce que c'est que de naître.
Toi, qu'en vain j'interroge, esprit, hôte inconnu,
Avant de m'animer, quel ciel habitais-tu ?
Quel pouvoir t'a jeté sur ce globe fragile ?
Quelle main t'enferma dans ta prison d'argile ?
Par quels nœuds étonnants, par quels secrets rapports

Le corps tient-il à toi comme tu tiens au corps ?
Quel jour séparera l'âme de la matière ?
Pour quel nouveau palais quitteras-tu la terre ?
As-tu tout oublié ? Par-delà le tombeau,
Vas-tu renaître encore dans un oubli nouveau ?
Vas-tu recommencer une semblable vie ?
Ou dans le sein de Dieu, ta source et ta patrie,
Affranchi pour jamais de tes liens mortels,
Vas-tu jouir enfin de tes droits éternels ?
Oui, tel est mon espoir, ô moitié de ma vie !
C'est par lui que déjà mon âme raffermie
A pu voir sans effroi sur tes traits enchanteurs
Se faner du printemps les brillantes couleurs.
C'est par lui que percé du trait qui me déchire,
Jeune encore, en mourant vous me verrez sourire,
Et que des pleurs de joie à nos derniers adieux,
A ton dernier regard, brilleront dans mes yeux.
« Vain espoir ! » s'écriera le troupeau d'Épicure,
Et celui dont la main disséquant la nature,
Dans un coin du cerveau nouvellement décrit,
Voit penser la matière et végéter l'esprit ;
Insensé ! diront-ils, que trop d'orgueil abuse,
Regarde autour de toi tout commence et tout s'use,

Tout marche vers un terme, et tout naît pour mourir ;
Dans ces prés jaunissants tu vois la fleur languir ;
Tu vois dans ces forêts le cèdre au front superbe
Sous le poids de ses ans tomber, ramper sous l'herbe ;
Dans leurs lits desséchés tu vois les mers tarir ;
Les cieux même, les cieux commencent à pâlir ;
Cet astre dont le temps a caché la naissance,
Le soleil, comme nous, marche à sa décadence,
Et dans les cieux déserts les mortels éperdus
Le chercheront un jour et ne le verront plus !
Tu vois autour de toi dans la nature entière
Les siècles entasser poussière sur poussière,
Et le temps, d'un seul pas confondant ton orgueil,
De tout ce qu'il produit devenir le cercueil.
Et l'homme, et l'homme seul, ô sublime folie !
Au fond de son tombeau croit retrouver la vie,
Et dans le tourbillon au néant emporté.
Abattu par le temps, rêve l'éternité !
Qu'un autre vous réponde, ô sages de la terre !
Laissez-moi mon erreur j'aime, il faut que j'espère ;
Notre faible raison se trouble et se confond.
Oui, la raison se tait mais l'instinct vous répond.
Pour moi, quand je verrais dans les célestes plaines,

Les astres, s'écartant de leurs routes certaines,
Dans les champs de l'éther l'un par l'autre heurtés,
Parcourir au hasard les cieux épouvantés ;
Quand j'entendrais gémir et se briser la terre ;
Quand je verrais son globe errant et solitaire
Flottant loin des soleils, pleurant l'homme détruit,
Se perdre dans les champs de l'éternelle nuit ;
Et quand, dernier témoin de ces scènes funèbres,
Entouré du chaos, de la mort, des ténèbres,
Seul je serais debout seul, malgré mon effroi,
Être infaillible et bon, j'espérerais en toi,
Et, certain du retour de l'éternelle aurore,
Sur les mondes détruits, je t'attendrais encore !
Souvent, tu t'en souviens, dans cet heureux séjour
Où naquit d'un regard notre immortel amour,
Tantôt sur les sommets de ces rochers antiques,
Tantôt aux bords déserts des lacs mélancoliques,
Sur l'aile du désir, loin du monde emportés,
Je plongeais avec toi dans ces obscurités.
Les ombres à longs plis descendant des montagnes,
Un moment à nos yeux dérobaient les campagnes
Mais bientôt s'avançant sans éclat et sans bruit
Le chœur mystérieux des astres de la nuit,

Nous rendant les objets voilés à notre vue,
De ses molles lueurs revêtait l'étendue ;
Telle, en nos temples saints par le jour éclairés,
Quand les rayons du soir pâlissent par degrés,
La lampe, répandant sa pieuse lumière,
D'un jour plus recueilli remplit le sanctuaire.
Dans ton ivresse alors tu ramenais mes yeux,
Et des cieux à la terre, et de la terre aux cieux ;
Dieu caché, disais-tu, la nature est ton temple !
L'esprit te voit par-tout quand notre œil la contemple ;
De tes perfections, qu'il cherche à concevoir,
Ce monde est le reflet, l'image, le miroir ;
Le jour est ton regard, la beauté ton sourire
Par-tout le cœur t'adore et l'âme te respire ;
Éternel, infini, tout-puissant et tout bon,
Ces vastes attributs n'achèvent pas ton nom ;
Et l'esprit, accablé sous ta sublime essence,
Célèbre ta grandeur jusque dans son silence.
Et cependant, ô Dieu ! par sa sublime loi,
Cet esprit abattu s'élance encore à toi,
Et sentant que l'amour est la fin de son être,
Impatient d'aimer, brûle de te connaître.
Tu disais et nos cœurs unissaient leurs soupirs

Vers cet être inconnu qu'attestaient nos désirs ;
A genoux devant lui, l'aimant dans ses ouvrages,
Et l'aurore et le soir lui portaient nos hommages,
Et nos yeux enivrés contemplaient tour à tour
La terre notre exil, et le ciel son séjour.
Ah ! si dans ces instants où l'âme fugitive
S'élance et veut briser le sein qui la captive,
Ce Dieu, du haut du ciel répondant à nos vœux,
D'un trait libérateur nous eût frappés tous deux !
Nos âmes, d'un seul bond remontant vers leur source,
Ensemble auraient franchi les mondes dans leur course
A travers l'infini, sur l'aile de l'amour,
Elles auraient monté comme un rayon du jour,
Et, jusqu'à Dieu lui-même arrivant éperdues,
Se seraient dans son sein pour jamais confondues !
Ces vœux nous trompaient-ils ? Au néant destinés,
Est-ce pour le néant que les êtres sont nés ?
Partageant le destin du corps qui la recèle,
Dans la nuit du tombeau l'âme s'engloutit-elle ?
Tombe-t-elle en poussière ? ou, prête à s'envoler,
Comme un son qui n'est plus va-t-elle s'exhaler ?
Après un vain soupir, après l'adieu suprême
De tout ce qui t'aimait, n'est-il plus rien qui t'aime ?

Ah ! sur ce grand secret n'interroge que toi !
Vois mourir ce qui t'aime, Elvire, et réponds-moi !

LE VALLON

Mon cœur, lassé de tout, même de l'espérance,
N'ira plus de ses vœux importuner le sort ;
Prêtez-moi seulement, vallons de mon enfance,
Un asile d'un jour pour attendre la mort.

Voici l'étroit sentier de l'obscure vallée :
Du flanc de ces coteaux pendent des bois épais
Qui, courbant sur mon front leur ombre entremêlée,
Me couvrent tout entier de silence et de paix.

Là, deux ruisseaux cachés sous des ponts de verdure,
Tracent en serpentant les contours du vallon ;
Ils mêlent un moment leur onde et leur murmure,

Et non loin de leur source ils se perdent sans nom.

La source de mes jours comme eux s'est écoulée,
Elle a passé sans bruit, sans nom, et sans retour ;
Mais leur onde est limpide, et mon âme troublée
N'aura pas réfléchi les clartés d'un beau jour.

La fraîcheur de leurs lits, l'ombre qui les couronne
M'enchaînent tout le jour sur les bords des ruisseaux ;
Comme un enfant bercé par un chant monotone,
Mon âme s'assoupit au murmure des eaux.

Ah ! c'est là qu'entouré d'un rempart de verdure,
D'un horizon borné qui suffit à mes yeux,
J'aime à fixer mes pas, et, seul dans la nature,
A n'entendre que l'onde, à ne voir que les cieux.

J'ai trop vu, trop senti, trop aimé dans ma vie,
Je viens chercher vivant le calme du Léthé ;
Beaux lieux, soyez pour moi ces bords où l'on oublie :
L'oubli seul désormais est ma félicité.

Mon cœur est en repos, mon âme est en silence !

Le bruit lointain du monde expire en arrivant,
Comme un son éloigné qu'affaiblit la distance,
A l'oreille incertaine apporté par le vent.

D'ici je vois la vie, à travers un nuage,
S'évanouir pour moi dans l'ombre du passé ;
L'amour seul est resté : comme une grande image
Survit seule au réveil dans un songe effacé.

Repose-toi, mon âme, en ce dernier asile,
Ainsi qu'un voyageur, qui, le cœur plein d'espoir,
S'assoit avant d'entrer aux portes de la ville,
Et respire un moment l'air embaumé du soir.

Comme lui, de nos pieds secouons la poussière ;
L'homme par ce chemin ne repasse jamais ;
Comme lui, respirons au bout de la carrière
Ce calme avant-coureur de l'éternelle paix.

Tes jours, sombres et courts comme des jours d'automne
Déclinent comme l'ombre au penchant des coteaux ;
L'amitié te trahit, la pitié t'abandonne,
Et, seule, tu descends le sentier des tombeaux.

Mais la nature est là qui t'invite et qui t'aime ;
Plonge-toi dans son sein qu'elle t'ouvre toujours ;
Quand tout change pour toi, la nature est la même,
Et le même soleil se lève sur tes jours.

De lumière et d'ombrage elle t'entoure encore ;
Détache ton amour des faux biens que tu perds ;
Adore ici l'écho qu'adorait Pythagore,
Prête avec lui l'oreille aux célestes concerts.

Suis le jour dans le ciel, suis l'ombre sur la terre
Dans les plaines de l'air vole avec l'aquilon,
Avec les doux rayons de l'astre du mystère
Glisse à travers les bois dans l'ombre du vallon.

Dieu, pour le concevoir, a fait l'intelligence ;
Sous la nature enfin découvre son auteur !
Une voix à l'esprit parle dans son silence,
Qui n'a pas entendu cette voix dans son cœur ?

LE DÉSESPOIR

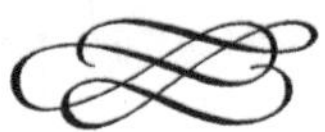

Lorsque du Créateur la parole féconde,
Dans une heure fatale, eut enfanté le monde
Des germes du chaos,
De son œuvre imparfaite il détourna sa face,
Et d'un pied dédaigneux le lançant dans l'espace,
Rentra dans son repos.

Va, dit-il, je te livre à ta propre misère ;
Trop indigne à mes yeux d'amour ou de colère,
Tu n'es rien devant moi.
Roule au gré du hasard dans les déserts du vide ;
Qu'à jamais loin de moi le destin soit ton guide,
Et le Malheur ton roi.

Il dit. Comme un vautour qui plonge sur sa proie,
Le Malheur, à ces mots, pousse, en signe de joie,
Un long gémissement ;
Et pressant l'univers dans sa serre cruelle,
Embrasse pour jamais de sa rage éternelle
L'éternel aliment.

Le mal dès lors régna dans son immense empire ;
Dès lors tout ce qui pense et tout ce qui respire
Commença de souffrir ;
Et la terre, et le ciel, et l'âme, et la matière,
Tout gémit et la voix de la nature entière
Ne fut qu'un long soupir.

Levez donc vos regards vers les célestes plaines,
Cherchez Dieu dans son œuvre, invoquez dans vos peines
Ce grand consolateur,
Malheureux ! sa bonté de son œuvre est absente,
Vous cherchez votre appui ? l'univers vous présente
Votre persécuteur.

De quel nom te nommer, ô fatale puissance ?
Qu'on t'appelle destin, nature, providence,
Inconcevable loi !
Qu'on tremble sous ta main, ou bien qu'on la blasphème,
Soumis ou révolté, qu'on te craigne ou qu'on t'aime,
Toujours, c'est toujours toi !

Hélas ! ainsi que vous j'invoquai l'espérance ;
Mon esprit abusé but avec complaisance
Son philtre empoisonneur ;
C'est elle qui, poussant nos pas dans les abîmes,
De festons et de fleurs couronne les victimes
Qu'elle livre au Malheur.

Tel, quand des dieux de sang voulaient en sacrifices
Des troupeaux innocents les sanglantes prémices,
Dans leurs temples cruels,
De cent taureaux choisis on formait l'hécatombe,
Et l'agneau sans souillure, ou la blanche colombe
Engraissaient leurs autels.

Créateur, Tout-Puissant, principe de tout être !
Toi pour qui le possible existe avant de naître

Roi de l'immensité,
Tu pouvais cependant, au gré de ton envie,
Puiser pour tes enfants le bonheur et la vie
Dans ton éternité ?

Sans t'épuiser jamais, sur toute la nature
Tu pouvais à longs flots répandre sans mesure
Un bonheur absolu.
L'espace, le pouvoir, le temps, rien ne te coûte.
Ah ! ma raison frémit ; tu le pouvais sans doute,
Tu ne l'as pas voulu.
Quel crime avons-nous fait pour mériter de naître ?
L'insensible néant t'a-t-il demandé l'être,
Ou l'a-t-il accepté ?
Sommes-nous, ô hasard, l'œuvre de tes caprices ?
Ou plutôt, Dieu cruel, fallait-il nos supplices
Pour ta félicité ?

Montez donc vers le ciel, montez, encens qu'il aime,
Soupirs, gémissements, larmes, sanglots, blasphème,
Plaisirs, concerts divins !
Cris du sang, voix des morts, plaintes inextinguibles,
Montez, allez frapper les voûtes insensibles

Du palais des destins !

Terre, élève ta voix ; cieux, répondez ; abîmes,
Noirs séjours où la mort entasse ses victimes,
Ne formez qu'un soupir.
Qu'une plainte éternelle accuse la nature,
Et que la douleur donne à toute créature
Une voix pour gémir.

Du jour où la nature, au néant arrachée,
S'échappa de tes mains comme une œuvre ébauchée,
Qu'as-tu vu cependant ?
Aux désordres du mal la matière asservie,
Toute chair gémissant, hélas ! et toute vie
Jalouse du néant.
La vertu succombant sous l'audace impunie,
L'imposture en honneur, la vérité bannie ;
L'errante liberté
Aux dieux vivants du monde offerte en sacrifice ;
Et la force, par-tout, fondant de l'injustice
Le règne illimité.

La valeur sans les dieux décidant des batailles !
Un Caton libre encore déchirant ses entrailles
Sur la foi de Platon !
Un Brutus qui, mourant pour la vertu qu'il aime,
Doute au dernier moment de cette vertu même,
Et dit Tu n'es qu'un nom !…

La fortune toujours du parti des grands crimes !
Les forfaits couronnés devenus légitimes !
La gloire au prix du sang !
Les enfants héritant l'iniquité des pères !
Et le siècle qui meurt racontant ses misères
Au siècle renaissant !

Eh quoi ! tant de tourments, de forfaits, de supplices,
N'ont-ils pas fait fumer d'assez de sacrifices
Tes lugubres autels ?
Ce soleil, vieux témoin des malheurs de la terre,
Ne fera-t-il pas naître un seul jour qui n'éclaire
L'angoisse des mortels ?

Héritiers des douleurs, victimes de la vie,
Non, non, n'espérez pas que sa rage assouvie

Endorme le Malheur !
Jusqu'à ce que la Mort, ouvrant son aile immense,
Engloutisse à jamais dans l'éternel silence
L'éternelle douleur !

LA PROVIDENCE DE L'HOMME

Quoi ! le fils du néant a maudit l'existence !
Quoi ! tu peux m'accuser de mes propres bienfaits !
Tu peux fermer tes yeux à la magnificence
Des dons que je t'ai faits !

Tu n'étais pas encore, créature insensée,
Déjà de ton bonheur j'enfantais le dessein ;
Déjà, comme son fruit, l'éternelle pensée
Te portait dans son sein.

Oui, ton être futur vivait dans ma mémoire ;
Je préparais les temps selon ma volonté.

Enfin ce jour parut ; je dis : Nais pour ma gloire
Et ta félicité !

Tu naquis : ma tendresse, invisible et présente,
Ne livra pas mon œuvre aux chances du hasard ;
J'échauffai de tes sens la sève languissante,
Des feux de mon regard.

D'un lait mystérieux je remplis la mamelle ;
Tu t'enivras sans peine à ces sources d'amour,
J'affermis les ressorts, j'arrondis la prunelle
Où se peignit le jour.

Ton âme, quelque temps par les sens éclipsée,
Comme tes yeux au jour, s'ouvrit à la raison :
Tu pensas ; la parole acheva ta pensée,
Et j'y gravai mon nom.

En quel éclatant caractère
Ce grand nom s'offrit à tes yeux !
Tu vis ma bonté sur la terre,
Tu lus ma grandeur dans les cieux !
L'ordre était mon intelligence ;

La nature, ma providence ;
L'espace, mon immensité !
Et, de mon être ombre altérée,
Le temps te peignit ma durée,
Et le destin, ma volonté !

Tu m'adoras dans ma puissance,
Tu me bénis dans ton bonheur,
Et tu marchas en ma présence
Dans la simplicité du cœur ;
Mais aujourd'hui que l'infortune
À couvert d'une ombre importune
Ces vives clartés du réveil,
Ta voix m'interroge et me blâme,
Le nuage couvre ton âme,
Et tu ne crois plus au soleil.

« Non, tu n'es plus qu'un grand problème
« Que le sort offre à la raison ;
« Si ce monde était ton emblème,
« Ce monde serait juste et bon. »
Arrête, orgueilleuse pensée ;
À la loi que je t'ai tracée

Tu prétends comparer ma loi ?
Connais leur différence auguste
Tu n'as qu'un jour pour être juste,
J'ai l'éternité devant moi !

Quand les voiles de ma sagesse
À tes yeux seront abattus,
Ces maux, dont gémit ta faiblesse,
Seront transformés en vertus,
De ces obscurités cessantes
Tu verras sortir triomphantes
Ma justice et ta liberté ;
C'est la flamme qui purifie
Le creuset divin où la vie
Se change en immortalité !

Mais ton cœur endurci doute et murmure encore ;
Ce jour ne suffit pas à tes yeux révoltés,
Et dans la nuit des sens tu voudrais voir éclore
De l'éternelle aurore
Les célestes clartés !

Attends ; ce demi-jour, mêlé d'une ombre obscure,

Suffit pour te guider en ce terrestre lieu
Regarde qui je suis, et marche sans murmure,
Comme fait la nature
Sur la foi de son Dieu.

La terre ne sait pas la loi qui la féconde ;
L'océan, refoulé sous mon bras tout-puissant,
Sait-il comment au gré du nocturne croissant
De sa prison profonde
La mer vomit son onde,
Et des bords qu'elle inonde
Recule en mugissant ?

Ce soleil éclatant, ombre de ma lumière.
Sait-il où le conduit le signe de ma main ?
S'est-il tracé soi-même un glorieux chemin ?
Au bout de sa carrière,
Quand j'éteins sa lumière,
Promet-il à la terre
Le soleil de demain ?

Cependant tout subsiste et marche en assurance.
Ma la voix chaque matin réveille l'univers !

J'appelle le soleil du fond de ses déserts
Franchissant la distance,
Il monte en ma présence,
Me répond, et s'élance
Sur le trône des airs !

Et toi, dont mon souffle est la vie ;
Toi, sur qui mes yeux sont ouverts,
Peux-tu craindre que je t'oublie,
Homme, roi de cet univers ?
Crois-tu que ma vertu sommeille ?
Non, mon regard immense veille
Sur tous les mondes à la fois !
La mer qui fuit à ma parole,
Ou la poussière qui s'envole,
Suivent et comprennent mes lois.

Marche au flambeau de l'espérance
Jusque dans l'ombre du trépas,
Assuré que ma providence
Ne tend point de piège à tes pas.
Chaque aurore la justifie,
L'univers entier s'y confie,

Et l'homme seul en a douté !
Mais ma vengeance paternelle
Confondra ce doute infidèle
Dans l'abîme de ma bonté.

SOUVENIR

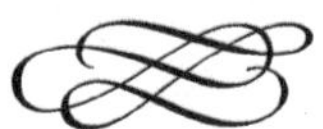

En vain le jour succède au jour,
Ils glissent sans laisser de trace ;
Dans mon âme rien ne t'efface,
Ô dernier songe de l'amour !

Je vois mes rapides années
S'accumuler derrière moi,
Comme le chêne autour de soi
Voit tomber ses feuilles fanées.

Mon front est blanchi par le temps ;
Mon sang refroidi coule à peine,
Semblable à cette onde qu'enchaîne

Le souffle glacé des autans.

Mais ta jeune et brillante image,
Que le regret vient embellir,
Dans mon sein ne saurait vieillir
Comme l'âme, elle n'a point d'âge.

Non, tu n'as pas quitté mes yeux ;
Et quand mon regard solitaire
Cessa de te voir sur la terre,
Soudain je te vis dans les cieux.

Là, tu m'apparais telle encore
Que tu fus à ce dernier jour,
Quand vers ton céleste séjour
Tu t'envolas avec l'aurore.

Ta pure et touchante beauté
Dans les cieux même t'a suivie ;
Tes yeux, où s'éteignait la vie,
Rayonnent d'immortalité !

Du zéphyr l'amoureuse haleine

Soulève encore tes longs cheveux ;
Sur ton sein leurs flots onduleux
Retombent en tresses d'ébène,

L'ombre de ce voile incertain
Adoucit encore ton image,
Comme l'aube qui se dégage
Des derniers voiles du matin.

Du soleil la céleste flamme
Avec les jours revient et fuit ;
Mais mon amour n'a pas de nuit,
Et tu luis toujours sur mon âme.

C'est toi que j'entends, que je vois,
Dans le désert, dans le nuage ;
L'onde réfléchit ton image ;
Le zéphyr m'apporte ta voix.

Tandis que la terre sommeille,
Si j'entends le vent soupirer,
Je crois t'entendre murmurer
Des mots sacrés à mon oreille.

C’est ta main qui sèche mes pleurs,
Quand je vais, triste et solitaire,
Répandre en secret ma prière
Près des autels consolateurs.

Quand je dors, tu veilles dans l’ombre ;
Tes ailes reposent sur moi ;
Tous mes songes viennent de toi,
Doux comme le regard d’une ombre.

Pendant mon sommeil, si ta main
De mes jours déliait la trame,
Céleste moitié de mon âme,
J’irais m’éveiller dans ton sein !

Comme deux rayons de l’aurore,
Comme deux soupirs confondus,
Nos deux âmes ne forment plus
Qu’une âme, et je soupire encore !

L'ENTHOUSIASME

Ainsi, quand l'aigle du tonnerre
Enlevait Ganymède aux cieux,
L'enfant, s'attachant à la terre,
Luttait contre l'oiseau des dieux ;
Mais entre ses serres rapides
L'aigle pressant ses flancs timides,
L'arrachait aux champs paternels ;
Et, sourd à la voix qui l'implore,
Il le jetait, tremblant encore,
Jusques aux pieds des immortels.

Ainsi quand tu fonds sur mon âme,
Enthousiasme, aigle vainqueur,

Au bruit de tes ailes de flamme
Je frémis d'une sainte horreur ;
Je me débats sous ta puissance,
Je fuis, je crains que ta présence
N'anéantisse un cœur mortel,
Comme un feu que la foudre allume,
Qui ne s'éteint plus, et consume
Le bûcher, le temple et l'autel.

Mais à l'essor de la pensée
L'instinct des sens s'oppose en vain ;
Sous le dieu, mon âme oppressée
Bondit, s'élance, et bat mon sein.
La foudre en mes veines circule
Étonné du feu qui me brûle.
Je l'irrite en le combattant,
Et la lave de mon génie
Déborde en torrents d'harmonie,
Et me consume en s'échappant.

Muse, contemple ta victime !
Ce n'est plus ce front inspiré,
Ce n'est plus ce regard sublime

Qui lançait un rayon sacré :
Sous ta dévorante influence,
À peine un reste d'existence
À ma jeunesse est échappé.
Mon front, que la pâleur efface,
Ne conserve plus que la trace
De la foudre qui m'a frappé.

Heureux le poète insensible !
Son luth n'est point baigné de pleurs,
Son enthousiasme paisible
N'a point ces tragiques fureurs.
De sa veine féconde et pure
Coulent, avec nombre et mesure,
Des ruisseaux de lait et de miel ;
Et ce pusillanime Icare,
Trahi par l'aile de Pindare,
Ne retombe jamais du ciel.

Mais nous, pour embraser les âmes,
Il faut brûler, il faut ravir
Au ciel jaloux ses triples flammes.
Pour tout peindre, il faut tout sentir.

Foyers brûlants de la lumière,
Nos cœurs de la nature entière
Doivent concentrer les rayons ;
Et l'on accuse notre vie !
Mais ce flambeau qu'on nous envie
S'allume au feu des passions.

Non, jamais un sein pacifique
N'enfanta ces divins élans,
Ni ce désordre sympathique
Qui soumet le monde à nos chants.
Non, non, quand l'Apollon d'Homère
Pour lancer ses traits sur la terre,
Descendait des sommets d'Eryx,
Volant aux rives infernales,
Il trempait ses armes fatales
Dans les eaux bouillantes du Styx.

Descendez de l'auguste cime
Qu'indignent de lâches transports !
Ce n'est que d'un luth magnanime
Que partent les divins accords.

Le cœur des enfants de la lyre
Ressemble au marbre qui soupire
Sur le sépulcre de Memnon ;
Pour lui donner la voix et l'âme,
Il faut que de sa chaste flamme
L'œil du jour lui lance un rayon.

Et tu veux qu'éveillant encore
Des feux sous la cendre couverts
Mon reste d'âme s'évapore
En accents perdus dans les airs !
La gloire est le rêve d'une ombre ;
Elle a trop retranché le nombre
Des jours qu'elle devait charmer.
Tu veux que je lui sacrifie
Ce dernier souffle de ma vie !
Je veux le garder pour aimer !

LE LAC DE B***

Ainsi, toujours poussés vers de nouveaux rivages,
Dans la nuit éternelle emportés sans retour,
Ne pourrons-nous jamais sur l'océan des âges
Jeter l'ancre un seul jour ?

Ô lac ! l'année à peine a fini sa carrière,
Et près des flots chéris qu'elle devait revoir,
Regarde ! je viens seul m'asseoir sur cette pierre
Où tu la vis s'asseoir !

Tu mugissais ainsi sous ces roches profondes,
Ainsi tu te brisais sur leurs flancs déchirés,
Ainsi le vent jetait l'écume de tes ondes

Sur ses pieds adorés.

Un soir, t'en souvient-il ? nous voguions en silence ;
On n'entendait au loin, sur l'onde et sous les cieux,
Que le bruit des rameurs qui frappaient en cadence
Tes flots harmonieux.

Tout-à-coup des accents inconnus à la terre
Du rivage charmé frappèrent les échos ;
Le flot fut attentif, et la voix qui m'est chère
Laissa tomber ces mots :

« Ô temps ! suspends ton vol ; et vous, heures propices
« Suspendez votre cours :
« Laissez-nous savourer les rapides délices
« Des plus beaux de nos jours !

« Assez de malheureux ici-bas vous implorent,
« Coulez, coulez pour eux ;
« Prenez avec leurs jours les soins qui les dévorent,
« Oubliez les heureux.

« Mais je demande en vain quelques moments encore,
« Le temps m'échappe et fuit ;
« Je dis à cette nuit : Sois plus lente ; et l'aurore
« Va dissiper la nuit.

« Aimons donc, aimons donc ! de l'heure fugitive,
« Hâtons-nous, jouissons !
« L'homme n'a point de port, le temps n'a point de rive ;
« Il coule, et nous passons ! »

Temps jaloux, se peut-il que ces moments d'ivresse,
Où l'amour à longs flots nous verse le bonheur,
S'envolent loin de nous de la même vitesse
Que les jours du malheur ?

Eh quoi ! n'en pourrons-nous fixer au moins la trace ?
Quoi ! passés pour jamais ! quoi ! tout entiers perdus !
Ce temps qui les donna, ce temps qui les efface,
Ne nous les rendra plus !

Éternité, néant, passé, sombres abîmes,
Que faites-vous des jours que vous engloutissez ?
Parlez : nous rendrez-vous ces extases sublimes

Que vous nous ravissez ?

Ô lac ! rochers muets ! grottes ! forêt obscure !
Vous, que le temps épargne ou qu'il peut rajeunir,
Gardez de cette nuit, gardez, belle nature,
Au moins le souvenir !

Qu'il soit dans ton repos, qu'il soit dans tes orages,
Beau lac, et dans l'aspect de tes riants coteaux,
Et dans ces noirs sapins, et dans ces rocs sauvages
Qui pendent sur tes eaux.

Qu'il soit dans le zéphyr qui frémit et qui passe,
Dans les bruits de tes bords par tes bords répétés,
Dans l'astre au front d'argent qui blanchit ta surface
De ses molles clartés.

Que le vent qui gémit, le roseau qui soupire,
Que les parfums légers de ton air embaumé,
Que tout ce qu'on entend, l'on voit ou l'on respire,
Tout dise : Ils ont aimé !

LA GLOIRE

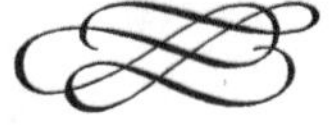

À un poète exilé

Généreux favoris des filles de mémoire,
Deux sentiers différents devant vous vont s'ouvrir :
L'un conduit au bonheur, l'autre mène à la gloire ;
Mortels, il faut choisir.

Ton sort, ô Manoel, suivit la loi commune ;
La muse t'enivra de précoces faveurs ;
Tes jours furent tissus de gloire et d'infortune,
Et tu verses des pleurs !

Rougis plutôt, rougis d'envier au vulgaire
Le stérile repos dont son cœur est jaloux :
Les dieux ont fait pour lui tous les biens de la terre,
Mais la lyre est à nous.

Les siècles sont à toi, le monde est ta patrie.
Quand nous ne sommes plus, notre ombre a des autels
Où le juste avenir prépare à ton génie
Des honneurs immortels.

Ainsi l'aigle superbe au séjour du tonnerre
S'élance ; et, soutenant son vol audacieux,
Semble dire aux mortels : je suis né sur la terre,
Mais je vis dans les cieux.

Oui, la gloire t'attend ; mais arrête, et contemple
À quel prix on pénètre en ses parvis sacrés ;
Vois : l'infortune, assise à la porte du temple,
En garde les degrés.

Ici, c'est ce vieillard que l'ingrate Ionie
À vu de mers en mers promener ses malheurs :
Aveugle, il mendiait au prix de son génie

Un pain mouillé de pleurs.

Là, le Tasse, brûlé d'une flamme fatale,
Expiant dans les fers sa gloire et son amour,
Quand il va recueillir la palme triomphale,
Descend au noir séjour.

Par-tout des malheureux, des proscrits, des victimes,
Luttant contre le sort ou contre les bourreaux ;
On dirait que le ciel aux cœurs plus magnanimes
Mesure plus de maux.

Impose donc silence aux plaintes de ta lyre,
Des cœurs nés sans vertu l'infortune est l'écueil ;
Mais toi, roi détrôné, que ton malheur t'inspire
Un généreux orgueil !

Que t'importe après tout que cet ordre barbare
T'enchaîne loin des bords qui furent ton berceau ?
Que t'importe en quels lieux le destin te prépare
Un glorieux tombeau ?

Ni l'exil, ni les fers de ces tyrans du Tage
N'enchaîneront ta gloire aux bords où tu mourras :
Lisbonne la réclame, et voilà l'héritage
Que tu lui laisseras !

Ceux qui l'ont méconnu pleureront le grand homme ;
Athènes à des proscrits ouvre son Panthéon ;
Coriolan expire, et les enfants de Rome
Revendiquent son nom.

Aux rivages des morts avant que de descendre,
Ovide lève au ciel ses suppliantes mains :
Aux Sarmates grossiers il a légué sa cendre,
Et sa gloire aux Romains.

LA PRIÈRE

Le roi brillant du jour, se couchant dans sa gloire,
Descend avec lenteur de son char de victoire.
Le nuage éclatant qui le cache à nos yeux
Conserve en sillons d'or sa trace dans les cieux,
Et d'un reflet de pourpre inonde l'étendue.
Comme une lampe d'or, dans l'azur suspendue,
La lune se balance aux bords de l'horizon ;
Ses rayons affaiblis dorment sur le gazon,
Et le voile des nuits sur les monts se déplie :
C'est l'heure où la nature, un moment recueillie,
Entre la nuit qui tombe et le jour qui s'enfuit,
S'élève au Créateur du jour et de la nuit,
Et semble offrir à Dieu, dans son brillant langage,

De la création le magnifique hommage.
Voilà le sacrifice immense, universel !
L'univers est le temple, et la terre est l'autel ;
Les cieux en sont le dôme : et ces astres sans nombre,
Ces feux demi-voilés, pâle ornement de l'ombre,
Dans la voûte d'azur avec ordre semés,
Sont les sacrés flambeaux pour ce temple allumés :
Et ces nuages purs qu'un jour mourant colore,
Et qu'un souffle léger, du couchant à l'aurore,
Dans les plaines de l'air, repliant mollement,
Roule en flocons de pourpre aux bords du firmament,
Sont les flots de l'encens qui monte et s'évapore
Jusqu'au trône du Dieu que la nature adore.
Mais ce temple est sans voix. Où sont les saints concerts ?
D'où s'élèvera l'hymne au roi de l'univers ?
Tout se tait : mon cœur seul parle dans ce silence.
La voix de l'univers, c'est mon intelligence.
Sur les rayons du soir, sur les ailes du vent,
Elle s'élève à Dieu comme un parfum vivant ;
Et, donnant un langage à toute créature,
Prête pour l'adorer mon âme à la nature.
Seul, invoquant ici son regard paternel,

Je remplis le désert du nom de l'Éternel ;
Et celui qui, du sein de sa gloire infinie,
Des sphères qu'il ordonne écoute l'harmonie,
Écoute aussi la voix de mon humble raison,
Qui contemple sa gloire et murmure son nom.
Salut, principe et fin de toi-même et du monde,
Toi qui rends d'un regard l'immensité féconde ;
Ame de l'univers, Dieu, père, créateur,
Sous tous ces noms divers je crois en toi, Seigneur ;
Et, sans avoir besoin d'entendre ta parole,
Je lis au front des cieux mon glorieux symbole.
L'étendue à mes yeux révèle ta grandeur,
La terre ta bonté, les astres ta splendeur.
Tu t'es produit toi-même en ton brillant ouvrage ;
L'univers tout entier réfléchit ton image,
Et mon âme à son tour réfléchit l'univers.
Ma pensée, embrassant tes attributs divers,
Par-tout autour de soi te découvre et t'adore,
Se contemple soi-même et t'y découvre encore
Ainsi l'astre du jour éclate dans les cieux,
Se réfléchit dans l'onde et se peint à mes yeux.
C'est peu de croire en toi, bonté, beauté suprême ;
Je te cherche par-tout, j'aspire à toi, je t'aime ;

Mon âme est un rayon de lumière et d'amour
Qui, du foyer divin, détaché pour un jour,
De désirs dévorants loin de toi consumée,
Brûle de remonter à sa source enflammée.
Je respire, je sens, je pense, j'aime en toi.
Ce monde qui te cache est transparent pour moi ;
C'est toi que je découvre au fond de la nature,
C'est toi que je bénis dans toute créature.
Pour m'approcher de toi, j'ai fui dans ces déserts ;
Là, quand l'aube, agitant son voile dans les airs,
Entr'ouvre l'horizon qu'un jour naissant colore,
Et sème sur les monts les perles de l'aurore,
Pour moi c'est ton regard qui, du divin séjour,
S'entr'ouvre sur le monde et lui répand le jour :
Quand l'astre à son midi, suspendant sa carrière,
M'inonde de chaleur, de vie et de lumière,
Dans ses puissants rayons, qui raniment mes sens,
Seigneur, c'est ta vertu, ton souffle que je sens ;
Et quand la nuit, guidant son cortège d'étoiles,
Sur le monde endormi jette ses sombres voiles,
Seul, au sein du désert et de l'obscurité,
Méditant de la nuit la douce majesté,
Enveloppé de calme, et d'ombre, et de silence,

Mon âme, de plus près, adore ta présence ;
D'un jour intérieur je me sens éclairer,
Et j'entends une voix qui me dit d'espérer.
Oui, j'espère, Seigneur, en ta magnificence :
Par-tout à pleines mains prodiguant l'existence,
Tu n'auras pas borné le nombre de mes jours
À ces jours d'ici-bas, si troublés et si courts.
Je te vois en tous lieux conserver et produire ;
Celui qui peut créer dédaigne de détruire.
Témoin de ta puissance et sûr de ta bonté
J'attends le jour sans fin de l'immortalité.
La mort m'entoure en vain de ses ombres funèbres,
Ma raison voit le jour à travers ces ténèbres.
C'est le dernier degré qui m'approche de toi,
C'est le voile qui tombe entre ta face et moi.
Hâte pour moi, Seigneur, ce moment que j'implore ;
Ou, si, dans tes secrets tu le retiens encore,
Entends du haut du ciel le cri de mes besoins ;
L'atome et l'univers sont l'objet de tes soins,
Des dons de ta bonté soutiens mon indigence,
Nourris mon corps de pain, mon âme d'espérance ;
Réchauffe d'un regard de tes yeux tout-puissants
Mon esprit éclipsé par l'ombre de mes sens

Et, comme le soleil aspire la rosée,
Dans ton sein, à jamais, absorbe ma pensée.

INVOCATION

Ô toi qui m'apparus dans ce désert du monde,
Habitante du ciel, passagère en ces lieux !
Ô toi qui fis briller dans cette nuit profonde
Un rayon d'amour à mes yeux ;

À mes yeux étonnés montre-toi tout entière,
Dis-moi quel est ton nom, ton pays, ton destin.
Ton berceau fut-il sur la terre ?
Ou n'es-tu qu'un souffle divin ?

Vas-tu revoir demain l'éternelle lumière ?
Ou dans ce lieu d'exil, de deuil, et de misère,
Dois-tu poursuivre encore ton pénible chemin ?

Ah ! quel que soit ton nom, ton destin, ta patrie,
Ou fille de la terre, ou du divin séjour,
Ah ! laisse-moi, toute ma vie,
T'offrir mon culte ou mon amour.

Si tu dois, comme nous, achever ta carrière,
Sois mon appui, mon guide, et souffre qu'en tous lieux,
De tes pas adorés je baise la poussière.
Mais si tu prends ton vol, et si, loin de nos yeux,
Sœur des anges, bientôt tu remontes près d'eux,
Après m'avoir aimé quelques jours sur la terre,
Souviens-toi de moi dans les cieux.

LA FOI

Ô néant ! ô seul Dieu que je puisse comprendre !
Silencieux abîme où je vais redescendre,
Pourquoi laissas-tu l'homme échapper de ta main ?
De quel sommeil profond je dormais dans ton sein !
Dans l'éternel oubli j'y dormirais encore ;
Mes yeux n'auraient pas vu ce faux jour que j'abhorre,
Et dans ta longue nuit, mon paisible sommeil
N'aurait jamais connu ni songes, ni réveil.
— Mais puisque je naquis, sans doute il fallait naître.
Si l'on m'eût consulté, j'aurais refusé l'être.
Vains regrets ! le destin me condamnait au jour,
Et je vins, ô soleil, te maudire à mon tour.
— Cependant, il est vrai, cette première aurore,

Ce réveil incertain d'un être qui s'ignore,
Cet espace infini s'ouvrant devant ses yeux,
Ce long regard de l'homme interrogeant les cieux,
Ce vague enchantement, ces torrents d'espérance,
Éblouissent les yeux au seuil de l'existence.
Salut, nouveau séjour où le temps m'a jeté,
Globe, témoin futur de ma félicité !
Salut, sacré flambeau qui nourris la nature !
Soleil, premier amour de toute créature !
Vastes cieux, qui cachez le Dieu qui vous a faits !
Terre, berceau de l'homme, admirable palais !
Homme, semblable à moi, mon compagnon, mon frère !
Toi plus belle à mes yeux, à mon âme plus chère !
Salut, objets, témoins, instruments du bonheur !
Remplissez vos destins, je vous apporte un cœur…
— Que ce rêve est brillant ! mais, hélas ! c'est un rêve.
Il commençait alors ; maintenant il s'achève.
La douleur lentement m'entr'ouvre le tombeau ;
Salut, mon dernier jour ! sois mon jour le plus beau !
J'ai vécu ; j'ai passé ce désert de la vie,
Où toujours sous mes pas chaque fleur s'est flétrie ;
Où toujours l'espérance, abusant ma raison,
Me montrait le bonheur dans un vague horizon.

Où du vent de la mort les brûlantes haleines
Sous mes lèvres toujours tarissaient les fontaines.
Qu'un autre, s'exhalant en regrets superflus,
Redemande au passé ses jours qui ne sont plus,
Pleure de son printemps l'aurore évanouie,
Et consente à revivre une seconde vie :
Pour moi, quand le destin m'offrirait à mon choix
Le sceptre du génie, ou le trône des rois,
La gloire, la beauté, les trésors, la sagesse,
Et joindrait à ses dons l'éternelle jeunesse,
J'en jure par la mort ; dans un monde pareil,
Non, je ne voudrais pas rajeunir d'un soleil.
Je ne veux pas d'un monde où tout change, où tout passe :
Où, jusqu'au souvenir, tout s'use et tout s'efface ;
Où tout est fugitif, périssable, incertain ;
Où le jour du bonheur n'a pas de lendemain !
— Combien de fois ainsi, trompé par l'existence,
De mon sein pour jamais j'ai banni l'espérance !
Combien de fois ainsi mon esprit abattu
A cru s'envelopper d'une froide vertu,
Et, rêvant de Zénon la trompeuse sagesse,
Sous un manteau stoïque a caché sa faiblesse !

Dans son indifférence un jour enseveli,
Pour trouver le repos il invoquait l'oubli.
Vain repos ! faux sommeil ! — Tel qu'au pied des collines,
Où Rome sort du sein de ses propres ruines,
L'œil voit dans ce chaos, confusément épars,
D'antiques monuments, de modernes remparts,
Des théâtres croulants, dont les frontons superbes
Dorment dans la poussière ou rampent sous les herbes,
Les palais des héros par les ronces couverts,
Des dieux couchés au seuil de leurs temples déserts,
L'obélisque éternel ombrageant la chaumière,
La colonne portant une image étrangère,
L'herbe dans le forum, les fleurs dans les tombeaux,
Et ces vieux panthéons peuplés de dieux nouveaux ;
Tandis que, s'élevant de distance en distance,
Un foible bruit de vie interrompt ce silence :
Telle est notre âme, après ces longs ébranlements ;
Secouant la raison jusqu'en ses fondements,
Le malheur n'en fait plus qu'une immense ruine,
Où comme un grand débris le désespoir domine !
De sentiments éteints silencieux chaos,
Éléments opposés, sans vie et sans repos,

Restes de passions par le temps effacées,
Combat désordonné de vœux et de pensées,
Souvenirs expirants, regrets, dégoûts, remords.
Si du moins ces débris nous attestaient sa mort !
Mais sous ce vaste deuil l'âme encore est vivante ;
Ce feu sans aliment soi-même s'alimente ;
Il renaît de sa cendre, et ce fatal flambeau
Craint de brûler encore au-delà du tombeau.
Ame ! qui donc es-tu ? flamme qui me dévore,
Dois-tu vivre après moi ? dois-tu souffrir encore ?
Hôte mystérieux, que vas-tu devenir ?
Au grand flambeau du jour vas-tu te réunir ?
Peut-être de ce feu tu n'es qu'une étincelle,
Qu'un rayon égaré, que cet astre rappelle.
Peut-être que, mourant lorsque l'homme est détruit,
Tu n'es qu'un suc plus pur que la terre a produit,
Une fange animée, une argile pensante…
Mais que vois-je ? à ce mot, tu frémis d'épouvante.
Redoutant le néant, et lasse de souffrir,
Hélas ! tu crains de vivre et trembles de mourir.
— Qui te révélera, redoutable mystère ?
J'écoute en vain la voix des sages de la terre :
Le doute égare aussi ces sublimes esprits,

Et de la même argile ils ont été pétris.
Rassemblant les rayons de l'antique sagesse,
Socrate te cherchait aux beaux jours de la Grèce ;
Platon à Sunium te cherchait après lui ;
Deux mille ans sont passés, je te cherche aujourd'hui ;
Deux mille ans passeront, et les enfants des hommes
S'agiteront encore dans la nuit où nous sommes.
La vérité rebelle échappe à nos regards,
Et Dieu seul réunit tous ses rayons épars.
— Ainsi, prêt à fermer mes yeux à la lumière,
Nul espoir ne viendra consoler ma paupière :
Mon âme aura passé, sans guide et sans flambeau
De la nuit d'ici-bas dans la nuit du tombeau,
Et j'emporte au hasard, au monde où je m'élance,
Ma vertu sans espoir, mes maux sans récompense.
Réponds-moi, Dieu cruel ! S'il est vrai que tu sois,
J'ai donc le droit fatal de maudire tes lois !
Après le poids du jour, du moins le mercenaire
Le soir s'assied à l'ombre, et reçoit son salaire :
Et moi, quand je fléchis sous le fardeau du sort,
Quand mon jour est fini, mon salaire est la mort.

- - -

— Mais, tandis qu'exhalant le doute et le blasphème,

Les yeux sur mon tombeau, je pleure sur moi-même,
La foi, se réveillant, comme un doux souvenir,
Jette un rayon d'espoir sur mon pâle avenir,
Sous l'ombre de la mort me ranime et m'enflamme,
Et rend à mes vieux jours la jeunesse de l'âme.
Je remonte aux lueurs de ce flambeau divin,
Du couchant de ma vie à son riant matin ;
J'embrasse d'un regard la destinée humaine ;
À mes yeux satisfaits tout s'ordonne et s'enchaîne ;
Je lis dans l'avenir la raison du présent ;
L'espoir ferme après moi les portes du néant,
Et rouvrant l'horizon à mon âme ravie,
M'explique par la mort l'énigme de la vie.
Cette foi qui m'attend au bord de mon tombeau,
Hélas ! il m'en souvient, plana sur mon berceau.
De la terre promise immortel héritage,
Les pères à leurs fils l'ont transmis d'âge en âge.
Notre esprit la reçoit à son premier réveil,
Comme les dons d'en haut, la vie et le soleil ;
Comme le lait de l'âme, en ouvrant la paupière,
Elle a coulé pour nous des lèvres d'une mère ;
Elle a pénétré l'homme en sa tendre saison ;
Son flambeau dans les cœurs précéda la raison.

L'enfant, en essayant sa première parole,
Balbutie au berceau son sublime symbole,
Et, sous l'œil maternel germant à son insu,
Il la sent dans son cœur croître avec la vertu.
Ah ! si la vérité fut faite pour la terre,
Sans doute elle a reçu ce simple caractère ;
Sans doute dès l'enfance offerte à nos regards,
Dans l'esprit par les sens entrant de toutes parts,
Comme les purs rayons de la céleste flamme
Elle a dû dès l'aurore environner notre âme,
De l'esprit par l'amour descendre dans les cœurs,
S'unir au souvenir, se fondre dans les mœurs ;
Ainsi qu'un grain fécond que l'hiver couvre encore,
Dans notre sein long-temps germer avant d'éclore,
Et, quand l'homme a passé son orageux été,
Donner son fruit divin pour l'immortalité.
Soleil mystérieux ! flambeau d'une autre sphère,
Prête à mes yeux mourants ta mystique lumière,
Pars du sein du Très-Haut, rayon consolateur.
Astre vivifiant, lève-toi dans mon cœur !
Hélas ! je n'ai que toi ; dans mes heures funèbres,
Ma raison qui pâlit m'abandonne aux ténèbres ;
Cette raison superbe, insuffisant flambeau,

S'éteint comme la vie aux portes du tombeau ;
Viens donc la remplacer, ô céleste lumière !
Viens d'un jour sans nuage inonder ma paupière ;
Tiens-moi lieu du soleil que je ne dois plus voir,
Et brille à l'horizon comme l'astre du soir.

LE GOLFE DE BAYA

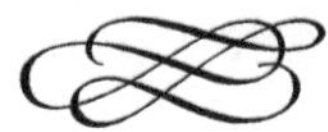

Vois-tu comme le flot paisible
Sur le rivage vient mourir !
Vois-tu le volage zéphyr
Rider, d'une haleine insensible,
L'onde qu'il aime à parcourir !
Montons sur la barque légère
Que ma main guide sans efforts,
Et de ce golfe solitaire
Rasons timidement les bords.

Loin de nous déjà fuit la rive.
Tandis que d'une main craintive
Tu tiens le docile aviron,

Courbé sur la rame bruyante
Au sein de l'onde frémissante
Je trace un rapide sillon.

Dieu ! quelle fraîcheur on respire !
Plongé dans le sein de Thétis,
Le soleil a cédé l'empire
À la pâle reine des nuits.
Le sein des fleurs demi-fermées
S'ouvre, et de vapeurs embaumées
En ce moment remplit les airs ;
Et du soir la brise légère
Des plus doux parfums de la terre
À son tour embaume les mers.

Quels chants sur ces flots retentissent ?
Quels chants éclatent sur ces bords ?
De ces deux concerts qui s'unissent
L'écho prolonge les accords.
N'osant se fier aux étoiles,
Le pêcheur, repliant ses voiles,
Salue, en chantant, son séjour.
Tandis qu'une folle jeunesse

Pousse au ciel des cris d'allégresse,
Et fête son heureux retour.

Mais déjà l'ombre plus épaisse
Tombe, et brunit les vastes mers ;
Le bord s'efface, le bruit cesse,
Le silence occupe les airs.
C'est l'heure où la mélancolie
S'assoit pensive et recueillie
Aux bords silencieux des mers,
Et, méditant sur les ruines,
Contemple au penchant des collines
Ce palais, ces temples déserts.

Ô de la liberté vieille et sainte patrie !
Terre autrefois féconde en sublimes vertus !
Sous d'indignes Césars maintenant asservie,
Ton empire est tombé ! tes héros ne sont plus !
Mais dans ton sein l'âme agrandie
Croit sur leurs monuments respirer leur génie,
Comme on respire encore dans un temple aboli
La majesté du dieu dont il était rempli.
Mais n'interrogeons pas vos cendres généreuses,

Vieux Romains ! fiers Catons ! mânes des deux Brutus !
Allons redemander à ces murs abattus
Des souvenirs plus doux, des ombres plus heureuses,

Horace, dans ce frais séjour,
Dans une retraite embellie
Par le plaisir et le génie,
Fuyait les pompes de la cour ;
Properce y visitait Cinthie,
Et sous les regards de Délie
Tibulle y modulait les soupirs de l'amour.
Plus loin, voici l'asile où vint chanter le Tasse,
Quand, victime à la fois du génie et du sort,
Errant dans l'univers, sans refuge et sans port,
La pitié recueillit son illustre disgrâce.
Non loin des mêmes bords, plus tard il vint mourir ;
La gloire l'appelait, il arrive, il succombe :
La palme qui l'attend devant lui semble fuir,
Et son laurier tardif n'ombrage que sa tombe.

Colline de Baya ! poétique séjour !
Voluptueux vallon qu'habita tour à tour
Tout ce qui fut grand dans le monde,

Tu ne retentis plus de gloire ni d'amour.
Pas une voix qui me réponde,
Que le bruit plaintif de cette onde,
Ou l'écho réveillé des débris d'alentour !

Ainsi tout change, ainsi tout passe ;
Ainsi nous-mêmes nous passons,
Hélas ! sans laisser plus de trace
Que cette barque où nous glissons
Sur cette mer où tout s'efface.

LE TEMPLE

Qu'il est doux, quand du soir l'étoile solitaire,
Précédant de la nuit le char silencieux,
S'élève lentement dans la voûte des cieux,
Et que l'ombre et le jour se disputent la terre,
Qu'il est doux de porter ses pas religieux
Dans le fond du vallon, vers ce temple rustique
Dont la mousse a couvert le modeste portique,
Mais où le ciel encore parle à des cœurs pieux !

Salut, bois consacré ! Salut, champ funéraire,
Des tombeaux du village humble dépositaire ;
Je bénis en passant tes simples monuments.
Malheur à qui des morts profane la poussière !

J'ai fléchi le genou devant leur humble pierre,
Et la nef a reçu mes pas retentissants.
Quelle nuit ! quel silence ! au fond du sanctuaire
À peine on aperçoit la tremblante lumière
De la lampe qui brûle auprès des saints autels.
Seule elle luit encore, quand l'univers sommeille :
Emblème consolant de la bonté qui veille
Pour recueillir ici les soupirs des mortels.

Avançons. Aucun bruit n'a frappé mon oreille ;
Le parvis frémit seul sous mes pas mesurés ;
Du sanctuaire enfin j'ai franchi les degrés.
Murs sacrés ! saints autels ! je suis seul, et mon âme
Peut verser devant vous ses douleurs et sa flamme,
Et confier au ciel des accents ignorés,
Que lui seul connaîtra, que vous seuls entendrez.

Mais quoi ! de ces autels j'ose approcher sans crainte !
J'ose apporter, grand Dieu, dans cette auguste enceinte
Un cœur encore brûlant de douleur et d'amour !
Et je ne tremble pas que ta majesté sainte
Ne venge le respect qu'on doit à son séjour !
Non : je ne rougis plus du feu qui me consume :

L'amour est innocent quand la vertu l'allume.
Aussi pur que l'objet à qui je l'ai juré,
Le mien brûle mon cœur, mais c'est d'un feu sacré ;
La constance l'honore et le malheur l'épure.
Je l'ai dit à la terre, à toute la nature ;
Devant tes saints autels je l'ai dit sans effroi :
J'oserais, Dieu puissant, la nommer devant toi.
Oui, malgré la terreur que ton temple m'inspire,
Ma bouche a murmuré tout bas le nom d'Elvire ;
Et ce nom répété de tombeaux en tombeaux,
Comme l'accent plaintif d'une ombre qui soupire,
De l'enceinte funèbre a troublé le repos.

Adieu, froids monuments ! adieu, saintes demeures !
Deux fois l'écho nocturne a répété les heures,
Depuis que devant vous mes larmes ont coulé :
Le ciel a vu ces pleurs, et je sors consolé.

Peut-être au même instant, sur un autre rivage,
Elvire veille ainsi, seule avec mon image,
Et dans un temple obscur, les yeux baignés de pleurs
Vient aux autels déserts confier ses douleurs.

CHANTS LYRIQUES DE DAÜL

IMITATION DES PSAUMES DE DAVID

Je répandrai mon âme au seuil du sanctuaire !
Seigneur, dans ton nom seul je mettrai mon espoir ;
Mes cris t'éveilleront, et mon humble prière
S'élèvera vers toi, comme l'encens du soir !

Dans quel abaissement ma gloire s'est perdue !
J'erre sur la montagne ainsi qu'un passereau ;
Et par tant de rigueurs mon âme confondue,
Mon âme est devant toi, comme un désert sans eau.

. . .

Pour mes fiers ennemis ce deuil est une fête.
Ils se montrent, Seigneur, ton Christ humilié.
Le voilà, disent-ils : ses dieux l'ont oublié ;
Et Moloch en passant a secoué la tête
Et souri de pitié !

Seigneur, tendez votre arc ; levez-vous, jugez-moi !
Remplissez mon carquois de vos flèches brûlantes !
Que des hauteurs du ciel vos foudres dévorantes
Portent sur eux la mort qu'ils appelaient sur moi !

Dieu se lève, il s'élance, il abaisse la voûte
De ces cieux éternels ébranlés sous ses pas ;
Le soleil et la foudre ont éclairé sa route ;
Ses anges devant lui font voler le trépas.

Le feu de son courroux fait monter la fumée,
Son éclat a fendu les nuages des cieux ;
La terre est consumée
D'un regard de ses yeux.

Il parle ; sa voix foudroyante
À fait chanceler d'épouvante

Les cèdres du Liban, les rochers des déserts ;
Le Jourdain montre à nu sa source reculée ;
De la terre ébranlée
Les os sont découverts.

Le Seigneur m'a livré la race criminelle
Des superbes enfants d'Ammon.
Levez-vous, ô Saül ! et que l'ombre éternelle
Engloutisse jusqu'à leur nom !
Que vois-je ? vous tremblez, orgueilleux oppresseurs !
Le héros prend sa lance,
Il l'agite, il s'élance ;
À sa seule présence,
La terreur de ses yeux a passé dans vos cœurs !

Fuyez !… il est trop tard ! sa redoutable épée
Décrit autour de vous un cercle menaçant,
En tout lieu vous poursuit, en tout lieu vous attend,
Et déjà mille fois dans votre sang trempée,
S'enivre encore de votre sang.

Son coursier superbe
Foule comme l'herbe

Les corps des mourants ;
Le héros l'excite,
Et le précipite
À travers les rangs ;
Les feux l'environnent,
Les casques résonnent
Sous ses pieds sanglants :
Devant sa carrière
Cette foule altière
Tombe tout entière
Sous ses traits brûlants,
Comme la poussière
Qu'emportent les vents.

Où sont ces fiers Ismaélites,
Ces enfants de Moab, cette race d'Edom ?
Iduméens, guerriers d'Ammon ;
Et vous, superbes fils de Tyr et de Sidon,
Et vous, cruels Amalécites ?

Les voilà devant moi comme un fleuve tari,
Et leur mémoire même a péri !

Que de biens le Seigneur m'apprête !
Qu'il couronne d'honneurs la vieillesse du roi !
Ephraïm, Manassé, Galaad, sont à moi ;
Jacob, mon bouclier, est l'appui de ma tête.
Que de biens le Seigneur m'apprête !
Qu'il couronne d'honneurs la vieillesse du roi !

Des bords où l'aurore se lève
Aux bords où le soleil s'achève
Son cours tracé par l'Eternel,
L'opulente Saba, la grasse Ethiopie,
La riche mer de Tyr, les déserts d'Arabie,
Adorent le roi d'Israël.

Peuples, frappez des mains, le roi des rois s'avance,
Il monte, il s'est assis sur son trône éclatant ;
Il pose de Sion l'éternel fondement ;
La montagne frémit de joie et d'espérance.
Peuples, frappez des mains, le roi des rois s'avance,
Il pose de Sion l'éternel fondement.

De sa main pleine de justice,
Il verse aux nations l'abondance et la paix.

Réjouis-toi, Sion, sous ton ombre propice,
Ainsi que le palmier qui parfume Cadès,
La paix et l'équité fleurissent à jamais.
De sa main pleine de justice,
Il verse aux nations l'abondance et la paix.

Dieu chérit de Sion les sacrés tabernacles
Plus que les tentes d'Israël ;
Il y fait sa demeure, il y rend ses oracles,
Il y fait éclater sa gloire et ses miracles ;
Sion, ainsi que lui ton nom est immortel.
Dieu chérit de Sion les sacrés tabernacles
Plus que les tentes d'Israël.

C'est là qu'un jour vaut mieux que mille ;
C'est là qu'environné de la troupe docile
De ses nombreux enfants, sa gloire et son appui,
Le roi vieillit, semblable à l'olivier fertile
Qui voit ses rejetons fleurir autour de lui.

HYMNE AU SOLEIL

Vous avez pris pitié de sa longue douleur !
Vous me rendez le jour, Dieu que l'amour implore !
Déjà mon front couvert d'une molle pâleur,
Des teintes de la vie à ses yeux se colore ;
Déjà dans tout mon être une douce chaleur
Circule avec mon sang, remonte dans mon cœur
Je renais pour aimer encore !

Mais la nature aussi se réveille en ce jour !
Au doux soleil de mai nous la voyons renaître ;
Les oiseaux de Vénus autour de ma fenêtre
Du plus chéri des mois proclament le retour !
Guidez mes premiers pas dans nos vertes campagnes !

Conduis-moi, chère Elvire, et soutiens ton amant :
Je veux voir le soleil s'élever lentement,
Précipiter son char du haut de nos montagnes,
Jusqu'à l'heure où dans l'onde il ira s'engloutir,
Et cédera les airs au nocturne zéphyr !
Viens ! Que crains-tu pour moi ? Le ciel est sans nuage !
Ce plus beau de nos jours passera sans orage ;
Et c'est l'heure où déjà sur les gazons en fleurs
Dorment près des troupeaux les paisibles pasteurs !

Dieu ! que les airs sont doux !
Que la lumière est pure !
Tu règnes en vainqueur sur toute la nature,
Ô soleil ! et des cieux, où ton char est porté,
Tu lui verses la vie et la fécondité !
Le jour où, séparant la nuit de la lumière,
L'éternel te lança dans ta vaste carrière,
L'univers tout entier te reconnut pour roi !
Et l'homme, en t'adorant, s'inclina devant toi !
De ce jour, poursuivant ta carrière enflammée,
Tu décris sans repos ta route accoutumée ;
L'éclat de tes rayons ne s'est point affaibli,
Et sous la main des temps ton front n'a point pâli !

Quand la voix du matin vient réveiller l'aurore,
L'Indien, prosterné, te bénit et t'adore !
Et moi, quand le midi de ses feux bienfaisants
Ranime par degrés mes membres languissants,
Il me semble qu'un Dieu, dans tes rayons de flamme,
En échauffant mon sein, pénètre dans mon âme !
Et je sens de ses fers mon esprit détaché,
Comme si du Très-Haut le bras m'avait touché !
Mais ton sublime auteur défend-il de le croire ?
N'es-tu point, ô soleil ! un rayon de sa gloire ?
Quand tu vas mesurant l'immensité des cieux,
Ô soleil ! n'es-tu point un regard de ses yeux ?
Ah ! si j'ai quelquefois, aux jours de l'infortune,
Blasphémé du soleil la lumière importune ;
Si j'ai maudit les dons que j'ai reçus de toi,
Dieu, qui lis dans les cœurs, ô Dieu ! pardonne-moi !
Je n'avais pas goûté la volupté suprême
De revoir la nature auprès de ce que j'aime,
De sentir dans mon cœur, aux rayons d'un beau jour,
Redescendre à la fois et la vie et l'amour !
Insensé ! j'ignorais tout le prix de la vie !
Mais ce jour me l'apprend, et je te glorifie !

ADIEU

Oui, j'ai quitté ce port tranquille,
Ce port si longtemps appelé,
Où loin des ennuis de la ville,
Dans un loisir doux et facile,
Sans bruit mes jours auraient coulé.
J'ai quitté l'obscure vallée,
Le toit champêtre d'un ami ;
Loin des bocages de Bissy,
Ma muse, à regret exilée,
S'éloigne triste et désolée
Du séjour qu'elle avait choisi.
Nous n'irons plus dans les prairies,
Au premier rayon du matin,

Égarer, d'un pas incertain,
Nos poétiques rêveries.
Nous ne verrons plus le soleil,
Du haut des cimes d'Italie
Précipitant son char vermeil,
Semblable au père de la vie,
Rendre à la nature assoupie
Le premier éclat du réveil.
Nous ne goûterons plus votre ombre,
Vieux pins, l'honneur de ces forêts,
Vous n'entendrez plus nos secrets ;
Sous cette grotte humide et sombre
Nous ne chercherons plus le frais,
Et le soir, au temple rustique,
Quand la cloche mélancolique
Appellera tout le hameau,
Nous n'irons plus, à la prière,
Nous courber sur la simple pierre
Qui couvre un rustique tombeau.
Adieu, vallons ; adieu, bocages ;
Lac azuré, rochers sauvages,
Bois touffus, tranquille séjour,
Séjour des heureux et des sages,

Je vous ai quittés sans retour.

Déjà ma barque fugitive
Au souffle des zéphyrs trompeurs,
S'éloigne à regret de la rive
Que m'offraient des dieux protecteurs.
J'affronte de nouveaux orages ;
Sans doute à de nouveaux naufrages
Mon frêle esquif est dévoué,
Et pourtant à la fleur de l'âge,
Sur quels écueils, sur quels rivages
N'ai-je déjà pas échoué ?
Mais d'une plainte téméraire
Pourquoi fatiguer le destin ?
À peine au milieu du chemin,
Faut-il regarder en arrière ?
Mes lèvres à peine ont goûté
Le calice amer de la vie,
Loin de moi je l'ai rejeté ;
Mais l'arrêt cruel est porté,
Il faut boire jusqu'à la lie !
Lorsque mes pas auront franchi
Les deux tiers de notre carrière,

Sous le poids d'une vie entière
Quand mes cheveux auront blanchi,
Je reviendrai du vieux Bissy
Visiter le toit solitaire
Où le ciel me garde un ami.
Dans quelque retraite profonde,
Sous les arbres par lui plantés,
Nous verrons couler comme l'onde
La fin de nos jours agités.
Là, sans crainte et sans espérance,
Sur notre orageuse existence,
Ramenés par le souvenir,
Jetant nos regards en arrière,
Nous mesurerons la carrière,
Qu'il aura fallu parcourir.

Tel un pilote octogénaire,
Du haut d'un rocher solitaire,
Le soir, tranquillement assis,
Laisse au loin égarer sa vue
Et contemple encore l'étendue
Des mers qu'il sillonna jadis.

LA SEMAINE SAINTE À LA R. G.

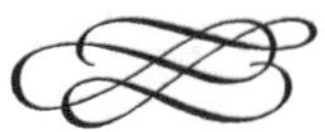

Ici viennent mourir les derniers bruits du monde
Nautoniers sans étoile, abordez ! c'est le port :
Ici l'âme se plonge en une paix profonde,
Et cette paix n'est pas la mort.

Ici jamais le ciel n'est orageux ni sombre ;
Un jour égal et pur y repose les yeux.
C'est ce vivant soleil, dont le soleil est l'ombre,
Qui le répand du haut des cieux.

Comme un homme éveillé longtemps avant l'aurore
Jeunes, nous avons fui dans cet heureux séjour,
Notre rêve est fini, le vôtre dure encore ;

Éveillez-vous ! voilà le jour.

Cœurs tendres, approchez ! Ici l'on aime encore ;
Mais l'amour, épuré, s'allume sur l'autel.
Tout ce qu'il a d'humain, à ce feu s'évapore ;
Tout ce qui reste est immortel !

La prière qui veille en ces saintes demeures
De l'astre matinal nous annonce le cours ;
Et, conduisant pour nous le char pieux des heures,
Remplit et mesure nos jours.

L'airain religieux s'éveille avec l'aurore. ;
Il mêle notre hommage à la voix des zéphyrs,
Et les airs, ébranlés sous le marteau sonore,
Prennent l'accent de nos soupirs.

Dans le creux du rocher, sous une voûte obscure,
S'élève un simple autel : roi du ciel, est-ce toi ?
Oui, contraint par l'amour, le Dieu de la nature
Y descend, visible à la foi.

Que ma raison se taise, et que mon cœur adore !

La croix à mes regards révèle un nouveau jour ;
Aux pieds d'un Dieu mourant, puis-je douter encore ?
Non, l'amour m'explique l'amour !

Tous ces fronts prosternés, ce feu qui les embrase,
Ces parfums, ces soupirs s'exhalant du saint lieu,
Ces élans enflammés, ces larmes de l'extase,
Tout me répond que c'est un Dieu.

Favoris du Seigneur, souffrez qu'à votre exemple,
Ainsi qu'un mendiant aux portes d'un palais,
J'adore aussi de loin, sur le seuil de son temple,
Le Dieu qui vous donne la paix.

Ah ! laissez-moi mêler mon hymne à vos louanges !
Que mon encens souillé monte avec votre encens.
Jadis les fils de l'homme aux saints concerts des anges
Ne mêlaient-ils pas leurs accents !

Du nombre des vivants chaque aurore m'efface,
Je suis rempli de jours, de douleurs, de remords.
Sous le portique obscur venez marquer ma place,
Ici, près du séjour des morts !

Souffrez qu'un étranger veille auprès de leur cendre,
Brûlant sur un cercueil comme ces saints flambeaux ;
La mort m'a tout ravi, la mort doit tout me rendre ;
J'attends le réveil des tombeaux !

Ah ! puissé-je près d'eux, au gré de mon envie,
A l'ombre de l'autel, et non loin de ce port,
Seul, achever ainsi les restes de ma vie
Entre l'espérance et la mort !

LE CHRÉTIEN MOURANT

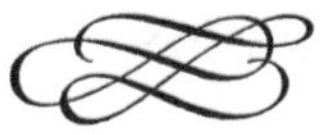

Qu'entends-je ? autour de moi l'airain sacré résonne !
Quelle foule pieuse en pleurant m'environne ?
Pour qui ce chant funèbre et ce pâle flambeau ?
Ô mort, est-ce ta voix qui frappe mon oreille
Pour la dernière fois ? eh quoi ! je me réveille
Sur le bord du tombeau !

Ô toi ! d'un feu divin précieuse étincelle,
De ce corps périssable habitante immortelle,
Dissipe ces terreurs : la mort vient t'affranchir !
Prends ton vol, ô mon âme ! et dépouille tes chaînes.
Déposer le fardeau des misères humaines,
Est-ce donc là mourir ?

Oui, le temps a cessé de mesurer mes heures.
Messagers rayonnants des célestes demeures,
Dans quels palais nouveaux allez-vous me ravir ?
Déjà, déjà je nage en des flots de lumière ;
L'espace devant moi s'agrandit, et la terre
Sous mes pieds semble fuir !

Mais qu'entends-je ? au moment où mon âme s'éveille,
Des soupirs, des sanglots ont frappé mon oreille ?
Compagnons de l'exil, quoi ! vous pleurez ma mort ?
Vous pleurez ? et déjà dans la coupe sacrée
J'ai bu l'oubli des maux, et mon âme enivrée
Entre au céleste port !

DIEU

(A M. de L. M.)

Oui, mon âme se plaît à secouer ses chaînes :
Déposant le fardeau des misères humaines,
Laissant errer mes sens dans ce monde des corps,
Au monde des esprits je monte sans efforts.
Là, foulant à mes pieds cet univers visible,
Je plane en liberté dans les champs du possible,
Mon âme est à l'étroit dans sa vaste prison :
Il me faut un séjour qui n'ait pas d'horizon.
Comme une goutte d'eau dans l'Océan versée,
L'infini dans son sein absorbe ma pensée ;
Là, reine de l'espace et de l'éternité,
Elle ose mesurer le temps, l'immensité,

Aborder le néant, parcourir l'existence,
Et concevoir de Dieu l'inconcevable essence.
Mais sitôt que je veux peindre ce que je sens,
Toute parole expire en efforts impuissants.
Mon âme croit parler, ma langue embarrassée
Frappe l'air de vingt sons, ombre de ma pensée.
Dieu fit pour les esprits deux langages divers :
En sons articulés l'un vole dans les airs ;
Ce langage borné s'apprend parmi les hommes,
Il suffit aux besoins de l'exil où nous sommes,
Et, suivant des mortels les destins inconstants
Change avec les climats ou passe avec les temps.
L'autre, éternel, sublime, universel, immense,
Est le langage inné de toute intelligence :
Ce n'est point un son mort dans les airs répandu,
C'est un verbe vivant dans le cœur entendu ;
On l'entend, on l'explique, on le parle avec l'âme ;
Ce langage senti touche, illumine, enflamme ;
De ce que l'âme éprouve interprètes brûlants,
Il n'a que des soupirs, des ardeurs, des élans ;
C'est la langue du ciel que parle la prière,
Et que le tendre amour comprend seul sur la terre.
Aux pures régions où j'aime à m'envoler,

L'enthousiasme aussi vient me la révéler.
Lui seul est mon flambeau dans cette nuit profonde,
Et mieux que la raison il m'explique le monde.
Viens donc ! Il est mon guide, et je veux t'en servir.
A ses ailes de feu, viens, laisse-toi ravir !
Déjà l'ombre du monde à nos regards s'efface,
Nous échappons au temps, nous franchissons l'espace.
Et dans l'ordre éternel de la réalité,
Nous voilà face à face avec la vérité !
Cet astre universel, sans déclin, sans aurore,
C'est Dieu, c'est ce grand tout, qui soi-même s'adore !
Il est ; tout est en lui : l'immensité, les temps,
De son être infini sont les purs éléments ;
L'espace est son séjour, l'éternité son âge ;
Le jour est son regard, le monde est son image ;
Tout l'univers subsiste à l'ombre de sa main ;
L'être à flots éternels découlant de son sein,
Comme un fleuve nourri par cette source immense,
S'en échappe, et revient finir où tout commence.
Sans bornes comme lui ses ouvrages parfaits
Bénissent en naissant la main qui les a faits !
Il peuple l'infini chaque fois qu'il respire ;
Pour lui, vouloir c'est faire, exister c'est produire !

Tirant tout de soi seul, rapportant tout à soi,
Sa volonté suprême est sa suprême loi !
Mais cette volonté, sans ombre et sans faiblesse,
Est à la fois puissance, ordre, équité, sagesse.
Sur tout ce qui peut être il l'exerce à son gré ;
Le néant jusqu'à lui s'élève par degré :
Intelligence, amour, force, beauté, jeunesse,
Sans s'épuiser jamais, il peut donner sans cesse,
Et comblant le néant de ses dons précieux,
Des derniers rangs de l'être il peut tirer des dieux !
Mais ces dieux de sa main, ces fils de sa puissance,
Mesurent d'eux à lui l'éternelle distance,
Tendant par leur nature à l'être qui les fit ;
Il est leur fin à tous, et lui seul se suffit !
Voilà, voilà le Dieu que tout esprit adore,
Qu'Abraham a servi, que rêvait Pythagore,
Que Socrate annonçait, qu'entrevoyait Platon ;
Ce Dieu que l'univers révèle à la raison,
Que la justice attend, que l'infortune espère,
Et que le Christ enfin vint montrer à la terre !
Ce n'est plus là ce Dieu par l'homme fabriqué,
Ce Dieu par l'imposture à l'erreur expliqué,
Ce Dieu défiguré par la main des faux prêtres,

Qu'adoraient en tremblant nos crédules ancêtres.
Il est seul, il est un, il est juste, il est bon ;
La terre voit son œuvre, et le ciel sait son nom !
Heureux qui le connaît ! plus heureux qui l'adore !
Qui, tandis que le monde ou l'outrage ou l'ignore,
Seul, aux rayons pieux des lampes de la nuit,
S'élève au sanctuaire où la foi l'introduit
Et, consumé d'amour et de reconnaissance,
Brûle comme l'encens son âme en sa présence !
Mais pour monter à lui notre esprit abattu
Doit emprunter d'en haut sa force et sa vertu.
Il faut voler au ciel sur des ailes de flamme :
Le désir et l'amour sont les ailes de l'âme.
Ah ! que ne suis-je né dans l'âge où les humains,
Jeunes, à peine encore échappés de ses mains,
Près de Dieu par le temps, plus près par l'innocence,
Conversaient avec lui, marchaient en sa présence ?
Que n'ai-je vu le monde à son premier soleil ?
Que n'ai-je entendu l'homme à son premier réveil ?
Tout lui parlait de toi, tu lui parlais toi-même ;
L'univers respirait ta majesté suprême ;
La nature, sortant des mains du Créateur,
Étalait en tous sens le nom de son auteur ;

Ce nom, caché depuis sous la rouille des âges,
En traits plus éclatants brillait sur tes Ouvrages ;
L'homme dans le passé ne remontait qu'à toi ;
Il invoquait son père, et tu disais : C'est moi.
Longtemps comme un enfant ta voix daigna l'instruire,
Et par la main longtemps tu voulus le conduire.
Que de fois dans ta gloire à lui tu t'es montré,
Aux vallons de Sennar, aux chênes de Membré,
Dans le buisson d'Horeb, ou sur l'auguste cime
Où Moïse aux Hébreux dictait sa loi sublime !
Ces enfants de Jacob, premiers-nés des humains,
Reçurent quarante ans la manne de tes mains
Tu frappais leur esprit par tes vivants oracles !
Tu parlais à leurs yeux par la voix des miracles !
Et lorsqu'ils t'oubliaient, tes anges descendus
Rappelaient ta mémoire à leurs cœurs éperdus !
Mais enfin, comme un fleuve éloigné de sa source,
Ce souvenir si pur s'altéra dans sa course !
De cet astre vieilli la sombre nuit des temps
Eclipsa par degrés les rayons éclatants ;
Tu cessas de parler ; l'oubli, la main des âges,
Usèrent ce grand nom empreint dans tes ouvrages ;
Les siècles en passant firent pâlir la foi ;

L'homme plaça le doute entre le monde et toi.
Oui, ce monde, Seigneur, est vieilli pour ta gloire ;
Il a perdu ton nom, ta trace et ta mémoire
Et pour les retrouver il nous faut, dans son cours,
Remonter flots à flots le long fleuve des jours !
Nature ! firmament ! l'œil en vain vous contemple ;
Hélas ! sans voir le Dieu, l'homme admire le temple,
Il voit, il suit en vain, dans les déserts des cieux,
De leurs mille soleils le cours mystérieux !
Il ne reconnaît plus la main qui les dirige !
Un prodige éternel cesse d'être un prodige !
Comme ils brillaient hier, ils brilleront demain !
Qui sait où commença leur glorieux chemin ?
Qui sait si ce flambeau, qui luit et qui féconde,
Une première fois s'est levé sur le monde ?
Nos pères n'ont point vu briller son premier tour
Et les jours éternels n'ont point de premier jour.
Sur le monde moral, en vain ta providence,
Dans ces grands changements révèle ta présence !
C'est en vain qu'en tes jeux l'empire des humains
Passe d'un sceptre à l'autre, errant de mains en mains ;
Nos yeux accoutumés à sa vicissitude
Se sont fait de ta gloire une froide habitude ;

Les siècles ont tant vu de ces grands coups du sort :
Le spectacle est usé, l'homme engourdi s'endort.
Réveille-nous, grand Dieu ! parle et change le monde ;
Fais entendre au néant ta parole féconde.
Il est temps ! lève-toi ! sors de ce long repos ;
Tire un autre univers de cet autre chaos.
À nos yeux assoupis il faut d'autres spectacles !
À nos esprits flottants il faut d'autres miracles !
Change l'ordre des cieux qui ne nous parle plus !
Lance un nouveau soleil à nos yeux éperdus !
Détruis ce vieux palais, indigne de ta gloire ;
Viens ! montre-toi toi-même et force-nous de croire !
Mais peut-être, avant l'heure où dans les cieux déserts
Le soleil cessera d'éclairer l'univers,
De ce soleil moral la lumière éclipsée
Cessera par degrés d'éclairer la pensée ;
Et le jour qui verra ce grand flambeau détruit
Plongera l'univers dans l'éternelle nuit.
Alors tu briseras ton inutile ouvrage :
Ses débris foudroyés rediront d'âge en âge :
Seul je suis ! hors de moi rien ne peut subsister !
L'homme cessa de croire, il cessa d'exister !

L'AUTOMNE

Salut ! bois couronnés d'un reste de verdure !
Feuillages jaunissants sur les gazons épars !
Salut, derniers beaux jours ! le deuil de la nature
Convient à la douleur et plaît à mes regards !

Je suis d'un pas rêveur le sentier solitaire,
J'aime à revoir encore, pour la dernière fois,
Ce soleil pâlissant, dont la foible lumière
Perce à peine à mes pieds l'obscurité des bois !

Oui, dans ces jours d'automne où la nature expire,
À ses regards voilés je trouve plus d'attraits,
C'est l'adieu d'un ami, c'est le dernier sourire

Des lèvres que la mort va fermer pour jamais !

Ainsi prêt à quitter l'horizon de la vie,
Pleurant de mes longs jours l'espoir évanoui,
Je me retourne encore, et d'un regard d'envie
Je contemple ses biens dont je n'ai pas joui !

Terre, soleil, vallons, belle et douce nature,
Je vous dois une larme, aux bords de mon tombeau ;
L'air est si parfumé ! la lumière est si pure !
Aux regards d'un mourant le soleil est si beau !

Je voudrais maintenant vider jusqu'à la lie
Ce calice mêlé de nectar et de fiel !
Au fond de cette coupe où je buvais la vie,
Peut-être restait-il une goutte de miel ?

Peut-être l'avenir me gardait-il encore
Un retour de bonheur dont l'espoir est perdu ?
Peut-être dans la foule, une âme que j'ignore
Aurait compris mon âme et m'aurait répondu ?...

La fleur tombe en livrant ses parfums au zéphire ;
À la vie, au soleil, ce sont là ses adieux ;
Moi, je meurs ; et mon âme, au moment qu'elle expire.
S exhale comme un son triste et mélodieux.

LA POÉSIE SACRÉE

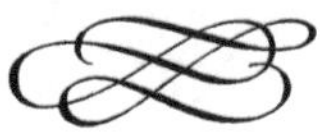

DITHYRAMBE

À M. Eugène de Genoude[1].

Son front est couronné de palmes et d'étoiles ;
Son regard immortel, que rien ne peut ternir,
Traversant tous les temps, soulevant tous les voiles,
Réveille le passé, plonge dans l'avenir !
Du monde sous ses yeux ses fastes se déroulent,
Les siècles à ses pieds comme un torrent s'écoulent ;
À son gré descendant ou remontant leurs cours,
Elle sonne aux tombeaux l'heure, l'heure fatale,
Ou sur sa lyre virginale
Chante au monde vieilli ce jour, père des jours !

Écoutez ! — Jéhova s'élance
Du sein de son éternité.
Le chaos endormi s'éveille en sa présence,
Sa vertu le féconde, et sa toute-puissance
Repose sur l'immensité !

Dieu dit, et le jour fut ; Dieu dit, et les étoiles
De la nuit éternelle éclaircirent les voiles ;
Tous les éléments divers
À sa voix se séparèrent ;
Les eaux soudain s'écoulèrent
Dans le lit creusé des mers ;
Les montagnes s'élevèrent,
Et les aquilons volèrent
Dans les libres champs des airs !

Sept fois de Jéhova la parole féconde
Se fit entendre au monde,
Et sept fois le néant à sa voix répondit ;
Et Dieu dit : Faisons l'homme à ma vivante image.
Il dit, l'homme naquit ; à ce dernier ouvrage
Le Verbe créateur s'arrête et s'applaudit !

Mais ce n'est plus un Dieu ! — C'est l'homme qui soupire
Éden a fui !... voilà le travail et la mort !
Dans les larmes sa voix expire ;
La corde du bonheur se brise sur sa lyre,

Et Job en tire un son triste comme le sort.

Ah ! périsse à jamais le jour qui m'a vu naître !
Ah ! périsse à jamais la nuit qui m'a conçu !
Et le sein qui m'a donné l'être,
Et les genoux qui m'ont reçu !

Que du nombre des jours Dieu pour jamais l'efface ;
Que, toujours obscurci des ombres du trépas,
Ce jour parmi les jours ne trouve plus sa place,
Qu'il soit comme s'il n'était pas !

Maintenant dans l'oubli je dormirais encore,
Et j'achèverais mon sommeil
Dans cette longue nuit qui n'aura point d'aurore,
Avec ces conquérants que la terre dévore,
Avec le fruit conçu qui meurt avant d'éclore
Et qui n'a pas vu le soleil.

Mes jours déclinent comme l'ombre ;
Je voudrais les précipiter.
Ô mon Dieu ! retranchez le nombre
Des soleils que je dois compter !
L'aspect de ma longue infortune
Éloigne, repousse, importune
Mes frères lassés de mes maux ;
En vain je m'adresse à leur foule,
Leur pitié m'échappe et s'écoule
Comme l'onde au flanc des coteaux.

Ainsi qu'un nuage qui passe,
Mon printemps s'est évanoui ;
Mes yeux ne verront plus la trace
De tous ces biens dont j'ai joui.
Par le souffle de la colère,
Hélas ! arraché à la terre,
Je vais d'où l'on ne revient pas !
Mes vallons, ma propre demeure,
Et cet œil même qui me pleure,
Ne reverront jamais mes pas !

L'homme vit un jour sur la terre
Entre la mort et la douleur ;
Rassasié de sa misère,
Il tombe enfin comme la fleur ;
Il tombe ! Au moins par la rosée
Des fleurs la racine arrosée
Peut-elle un moment refleurir !
Mais l'homme, hélas ! , après la vie,
C'est un lac dont l'eau s'est enfuie :
On le cherche, il vient de tarir.

Mes jours fondent comme la neige
Au souffle du courroux divin ;
Mon espérance, qu'il abrège,
S'enfuit comme l'eau de ma main ;
Ouvrez-moi mon dernier asile ;
Là, j'ai dans l'ombre un lit tranquille,
Lit préparé pour mes douleurs !
Ô tombeau ! vous êtes mon père !
Et je dis aux vers de la terre :
Vous êtes ma mère et mes sœurs !

Mais les jours heureux de l'impie
Ne s'éclipsent pas au matin ;
Tranquille, il prolonge sa vie
Avec le sang de l'orphelin !
Il étend au loin ses racines ;
Comme un troupeau sur les collines,
Sa famille couvre Ségor ;
Puis dans un riche mausolée
Il est couché dans la vallée,
Et l'on dirait qu'il vit encore.

C'est le secret de Dieu, je me tais et l'adore !
C'est sa main qui traça les sentiers de l'aurore,
Qui pesa l'Océan, qui suspendit les cieux !
Pour lui, l'abîme est nu, l'enfer même est sans voiles !
Il a fondé la terre et semé les étoiles !
Et qui suis-je à ses yeux ?

Mais la harpe a frémi sous les doigts d'Isaïe ;
De son sein bouillonnant la menace à longs flots
S'échappe ; un Dieu l'appelle, il s'élance, il s'écrie :
Cieux et terre, écoutez ! silence au fils d'Amos !

Osias n'était plus : Dieu m'apparut ; je vis
Adonaï vêtu de gloire et d'épouvante !
Les bords éblouissants de sa robe flottante
Remplissaient le sacré parvis !

Des séraphins debout sur des marches d'ivoire
Se voilaient devant lui de six ailes de feux ;
Volant de l'un à l'autre, ils se disaient entre eux :
Saint, saint, saint, le Seigneur, le Dieu, le roi des dieux
Toute la terre est pleine de sa gloire !

Du temple à ces accents la voûte s'ébranla,
Adonaï s'enfuit sous la nue enflammée :
Le saint lieu fut rempli de torrents de fumée.
La terre sous mes pieds trembla !

Et moi ! je resterais dans un lâche silence !
Moi qui t'ai vu, Seigneur, je n'oserais parler !
À ce peuple impur qui t'offense
Je craindrais de te révéler !

Qui marchera pour nous ? dit le Dieu des armées.
Qui parlera pour moi ? dit Dieu : Qui ? moi, Seigneur !

Touche mes lèvres enflammées !
Me voilà ! je suis prêt !… malheur !

Malheur à vous qui dès l'aurore
Respirez les parfums du vin !
Et que le soir retrouve encore
Chancelants aux bords du festin !
Malheur à vous qui par l'usure
Étendez sans fin ni mesure
La borne immense de vos champs !
Voulez-vous donc, mortels avides,
Habiter dans vos champs arides,
Seuls, sur la terre des vivants ?

Malheur à vous, race insensée !
Enfants d'un siècle audacieux,
Qui dites dans votre pensée :
Nous sommes sages à nos yeux :
Vous changez ma nuit en lumière,
Et le jour en ombre grossière
Où se cachent vos voluptés !
Mais, comme un taureau dans la plaine,
Vous traînez après vous la chaîne

De vos longues iniquités !

Malheur à vous, filles de l'onde !
Iles de Sydon et de Tyr !
Tyrans ! qui trafiquez du monde
Avec la pourpre et l'or d'Ophyr !
Malheur à vous ! votre heure sonne !
En vain l'Océan vous couronne,
Malheur à toi, reine des eaux,
À toi qui, sur des mers nouvelles,
Fais retentir comme des ailes
Les voiles de mille vaisseaux !

Ils sont enfin venus les jours de ma justice ;
Ma colère, dit Dieu, se déborde sur vous !
Plus d'encens, plus de sacrifice
Qui puisse éteindre mon courroux !

Je livrerai ce peuple à la mort, au carnage ;
Le fer moissonnera comme l'herbe sauvage
Ses bataillons entiers !
— Seigneur ! épargnez-nous ! Seigneur ! — Non, point de trêve,
Et je ferai sur lui ruisseler de mon glaive

Le sang de ses guerriers !

Ses torrents sécheront sous ma brûlante haleine ;
Ma main nivellera, comme une vaste plaine,
Ses murs et ses palais ;
Le feu les brûlera comme il brûle le chaume.
Là, plus de nation, de ville, de royaume ;
Le silence à jamais !

Ses murs se couvriront de ronces et d'épines ;
L'hyène et le serpent peupleront ses ruines ;
Les hiboux, les vautours,
L'un l'autre s'appelant durant la nuit obscure,
Viendront à leurs petits porter la nourriture
Au sommet de ses tours !

Mais Dieu ferme à ces mots les lèvres d'Isaïe ;
Le sombre Ézéchiel
Sur le tronc desséché de l'ingrat Israël
Fait descendre à son tour la parole de vie.

L'Éternel emporta mon esprit au désert :
D'ossements desséchés le sol était couvert ;

J'approche en frissonnant ; mais Jéhova me crie :
Si je parle à ces os, reprendront-ils la vie ?
— Éternel, tu le sais ! — Eh bien ! dit le Seigneur,
Écoute mes accents ! retiens-les et dis-leur :
Ossements desséchés ! insensible poussière !
Levez-vous ! recevez l'esprit et la lumière !
Que vos membres épars s'assemblent à ma voix !
Que l'esprit vous anime une seconde fois !
Qu'entre vos os flétris vos muscles se replacent !
Que votre sang circule et vos nerfs s'entrelacent !
Levez-vous et vivez, et voyez qui je suis !
J'écoutai le Seigneur, j'obéis et je dis :
Esprits, soufflez sur eux du couchant, de l'aurore ;
Soufflez de l'aquilon, soufflez !… Pressés d'éclore,
Ces restes du tombeau, réveillés par mes cris,
Entrechoquent soudain leurs ossements flétris ;
Aux clartés du soleil leur paupière se rouvre,
Leurs os sont rassemblés, et la chair les recouvre !
Et ce champ de la mort tout entier se leva,
Redevint un grand peuple, et connut Jéhova !

Mais Dieu de ses enfants a perdu la mémoire ;
La fille de Sion, méditant ses malheurs,

S'assied en soupirant, et, veuve de sa gloire,
Ecoute Jérémie, et retrouve des pleurs.

Le seigneur, m'accablant du poids de sa colère,
Retire tour à tour et ramène sa main ;
Vous qui passez par le chemin,
Est-il une misère égale à ma misère ?

En vain ma voix s'élève, il n'entend plus ma voix ;
Il m'a choisi pour but de ses flèches de flamme,
Et tout le jour contre mon âme
Sa fureur a lancé les fils de son carquois !

Sur mes os consumés ma peau s'est desséchée ;
Les enfants m'ont chanté dans leurs dérisions ;
Seul, au milieu des nations,
Le Seigneur m'a jeté comme une herbe arrachée.

Il s'est enveloppé de son divin courroux ;
Il a fermé ma route, il a troublé ma voie ;
Mon sein n'a plus connu la joie,
Et j'ai dit au Seigneur : Seigneur, souvenez-vous,

Souvenez-vous, Seigneur, de ces jours de colère ;
Souvenez-vous du fiel dont vous m'avez nourri ;
Non, votre amour n'est point tari :
Vous me frappez, Seigneur, et c'est pourquoi j'espère.

Je repasse en pleurant ces misérables jours ;
J'ai connu le Seigneur dès ma plus tendre aurore :
Quand il punit, il aime encore ;
Il ne s'est pas, mon âme, éloigné pour toujours.

Heureux qui le connaît ! heureux qui dès l'enfance
Porta le joug d'un Dieu, clément dans sa rigueur !
Il croit au salut du Seigneur,
S'assied au bord du fleuve et l'attend en silence.

Il sent peser sur lui ce joug de votre amour ;
Il répand dans la nuit ses pleurs et sa prière,
Et la bouche dans la poussière,
Il invoque, il espère, il attend votre jour.

Silence, ô lyre ! et vous silence,
Prophètes, voix de l'avenir !
Tout l'univers se tait d'avance

Devant celui qui doit venir !
Fermez-vous, lèvres inspirées ;
Reposez-vous, harpes sacrées,
Jusqu'au jour où sur les hauts lieux
Une voix au monde inconnue,
Fera retentir dans la nue :
Paix à la terre, et gloire aux cieux !

---

1. M. Genoude, à qui ce dithyrambe est adressé, est le premier qui ait vraiment fait passer dans la langue Françoise la sublime poésie des Hébreux. Jusqu'à présent nous ne connaissions que le sens des livres de Job, d'Isaïe, de David ; grâce à lui, l'expression, la couleur, le mouvement, l'énergie, vivent aujourd'hui dans notre langue. Ce dithyrambe est un témoignage de la reconnoissance de l'Auteur pour la manière nouvelle dont M. Genoude lui a fait envisager la poésie sacrée.

www.ingramcontent.com/pod-product-compliance
Lightning Source LLC
LaVergne TN
LVHW091450200826
846094LV00005B/9

* 9 7 8 2 3 5 7 2 8 5 1 8 7 *